MI CEREBRO SOLO SE CONSTRUYE UNA VEZ

¡ACTÚA AHORA!

NATI BELTRÁN Y PILAR ENRICH

MI CEREBRO SOLO SE CONSTRUYE UNA VEZ

¡ACTÚA AHORA!

UN MANUAL PARA ENTENDER A TU HIJO Y MAXIMIZAR SU POTENCIAL CON EL MÉTODO MONTESSORI Y LA NEUROCIENCIA

TOROMÍTICO

Primera edición: mayo de 2024

Ediciones Toromítico • Colección Padres y educadores
Parque Logístico de Córdoba. Ctra. Palma del Río, km 4
C/8, Nave L2, nº 3. 14005 - Córdoba
www.toromitico.com
pedidos@almuzaralibros.com - info@almuzaralibros.com
Síguenos en @ToromiticoLibros

LID Editorial Mexicana S. A. de C. V.
Homero 109, 1404, Colonia Chapultepec Morales, México, Ciudad de México, 11570
Tel. +52 (55) 5255-4883
www.lidlibros.com
mexico@lidbusinessmedia.com

Padres Educadores
Director del sello Óscar Córdoba
Coordinación editorial: Claudia Herrán Monedero
Corrección de estilo y de pruebas: Norma Ramos
Maquetación: Miguel Andreu

Imprime: Romanyà Valls
ISBN: 978-84-19962-10-2
Depósito Legal: CO-638-2024
Hecho e impreso en España - *Made and printed in Spain*

A nuestros hijos, por ser nuestros mejores maestros y habernos ayudado a crecer con ellos.

A nuestros padres, por haber trascendido costumbres sociales y habernos criado con amor y respeto.

EMPIEZA HOY

> Lo más importante que tienen que entender los padres es que el cerebro de su hijo se convertirá exactamente en aquello a lo que el niño ha estado expuesto: es un espejo de sus experiencias de desarrollo.
>
> **Bruce Perry** (entrevista con Nati Beltrán)

Educar a los hijos puede ser una de las experiencias más gratificantes de la vida, pero también conlleva una curva de aprendizaje pronunciada y un enorme grado de responsabilidad. Hay que prepararse para un viaje largo e intenso, aunque todo vaya de maravilla. En cierto modo, ser padres es como pilotar un avión: nunca hay que intentarlo sin las instrucciones detalladas de lo que hay que hacer y de lo que se debe evitar. Sin embargo, de alguna manera, se espera que los padres sepan cómo manejar y criar a un niño.

Ser padres impone, de *facto*, que lo que hagas tenga consecuencias duraderas. La ciencia está demostrando que las experiencias de los primeros años de una persona son formativas: crean los patrones de pensamiento, sentimiento y comportamiento para toda la vida. Esto se debe a que el cerebro humano termina de conectar su infraestructura básica a partir de lo que experimenta en su entorno y lo que absorbe a través de los sentidos.

Además de la influencia familiar, muchos factores formarán a tu hijo. En este libro te damos las herramientas para que te prepares y confíes en que lo estás haciendo lo mejor posible, sobre todo en aquellas cosas en las que puedes incidir. Hábitos sencillos pueden tener efectos significativos.

PUEDE SER MÁS SENCILLO SI TE PREPARAS PROACTIVAMENTE

No existe una receta perfecta para educar a un niño. Sin embargo, hay hallazgos científicos consistentes que pueden ayudarte a criar niños equilibrados emocional e intelectualmente. Si tienes conocimientos básicos sobre lo que ocurre en su cerebro y cómo se traduce esto en su comportamiento, es más fácil abordar y resolver situaciones y darle a tu hijo un mejor comienzo en la vida. La clave es prepararte, estar listo, tener un enfoque coherente y seguir evolucionando. Debemos informarnos sobre el desarrollo para poder apoyarle con acciones concretas y evitar obstáculos y errores.

ESTE LIBRO ES UN MANUAL DE INSTRUCCIONES

Este texto fue escrito teniendo en mente el libro que nos hubiera gustado tener cuando éramos madres jóvenes. Las dos deseábamos que nuestro bebé hubiera venido con un manual de instrucciones.

Al tener un nuevo ser humano en brazos, nos sentíamos abrumadas por el amor y también desbordadas por la preocupación y las preguntas. Queríamos realizar nuestro mejor trabajo como madres, pero en ciertos momentos no sabíamos qué hacer a continuación. Como todos los padres, seguimos nuestro instinto e improvisamos, no siempre con los resultados esperados. La cantidad de información y opciones eran abrumadoras y a veces contradictorias. Era difícil saber qué camino o qué consejo seguir para ser el tipo de madres que anhelábamos. En el fondo, sabíamos que nos faltaba algún conocimiento clave sobre lo que ocurría en el interior de nuestro hijo, datos científicos que pudieran informarnos sobre cómo potenciar su desarrollo con un método que no dañara nuestra relación con él. Queríamos construir un vínculo fuerte y de confianza que nos permitiera vivir en armonía y asegurarnos de que se sintiera cómodo buscando nuestro apoyo ante cualquier dificultad futura. Coincidentemente, las dos encontramos en la educación Montessori un método científico que nos proporcionó las respuestas que buscábamos.

Cuando empezamos a aplicarlo, los resultados fueron sorprendentes; mucho más allá de lo que pensábamos que sería posible. Cada pequeño cambio que permitía a nuestros hijos elegir su actividad y tener más independencia se traducía en un niño más tranquilo, feliz y cooperativo, y en la desaparición de luchas y tensiones entre nosotros. Nuestros hijos se saltaron la etapa de los «terribles dos años» y pasaron una adolescencia tranquila y conectados a nosotras. Los múltiples beneficios nos impulsaron a seguir practicando, a convertirnos en maestras Montessori y a compartir ahora su pedagogía en este libro.

UNA METODOLOGÍA FLEXIBLE Y GENERAL

Este libro refleja nuestros conocimientos y experiencia combinados. Hemos destilado los principios fundamentales de la pedagogía Montessori, probados durante más de un siglo y ahora respaldados por la investigación científica. Una vez que comprendas cómo funciona el desarrollo de los niños, podrás adaptar tus métodos a lo que realmente necesitan y evitar muchos conflictos, así como carencias y círculos viciosos. Un enfoque «basado en las necesidades» garantiza el mejor resultado porque favorece una maduración cerebral óptima, así como un proceso agradable para todos los involucrados a lo largo del camino. Así como navegar un velero, es más fácil seguir la dirección del viento. Con un niño, lo ideal es seguir la dirección de su desarrollo natural. Una vez que lo entiendes mejor, empiezas a ser capaz de afrontar las situaciones cotidianas con facilidad, y a sentirte eficaz como padre.

Criar a un niño es un tema tan amplio, que hemos excluido intencionadamente áreas que están bien cubiertas en otros libros. Como educadoras Montessori, hacemos hincapié en la importancia del «alimento intelectual» desde una edad temprana para proporcionar el estímulo adecuado para la maduración del cerebro. Nos centramos más en el desarrollo psicológico, cognitivo, social y emocional que en las necesidades físicas de los niños. Omitimos intencionalmente las rutinas de dormir o pautas de alimentación adecuada, claramente esenciales también para una base sana ya tratadas en otros libros.

Nuestro más sincero deseo es simplificarte la vida y facilitarte el aprendizaje de nuevas prácticas y maneras de pensar ya comprobadas. Una vez que veas los resultados, la forma de actuar se vuelve sentido común y tu experiencia como padre será más relajada y armoniosa.

MONTESSORI ES PARA TODOS

Hay ciertos hechos biológicos ineludibles sobre cómo crecen los niños que son el resultado de la larga evolución del ser humano. Hace más de un siglo, María Montessori, médica y antropóloga, advirtió sobre los efectos nocivos de no tener en cuenta este desarrollo biológico en la educación y la crianza. Contracorriente a las prácticas educativas de su época, inició la observación científica de los niños y de su desarrollo natural y aplicó sus hallazgos a su educación. Tenía curiosidad por saber qué pasaría si los adultos ajustaran su enfoque a la forma en que los niños maduran biológicamente, sin imponer métodos arbitrarios que a menudo van en contra de su naturaleza y de sus necesidades. Los resultados fueron casi milagrosos. Consiguió que niños considerados con discapacidades mentales irremediables alcanzaran un nivel igual o superior al esperado para su edad, y fue capaz de enseñarles a leer y escribir a partir de estímulos y materiales adecuados. Se dio cuenta del poder de una metodología adaptada a las características biológicas de los niños en crecimiento, y extendió su trabajo a niños neurotípicos de los barrios pobres de Roma, con resultados asombrosos.

Gracias a sus observaciones en diferentes culturas (Italia, España, Países Bajos, EE. UU. e India), descubrió que las necesidades de desarrollo de los niños en edad de crecimiento son universales. Su genialidad consistió en diseñar una pedagogía que respondiera a ellas. Observó que los niños nacen diseñados y preparados para el desarrollo, y los adultos solo tienen que crear las condiciones adecuadas para que florezcan.

En este libro te llevamos de la mano para aprender a crear esas condiciones. Todo el mundo, por poco dinero que tenga, puede aplicar los principios que proponemos y mejorar así las posibilidades de su hijo en la vida para que se convierta en un individuo inteligente, emocionalmente equilibrado y socialmente integrado.

UN CAPÍTULO AL DÍA EVITA LAS PATALETAS

Como madres, sabemos que estás agotada, estresada y que tienes poco tiempo. Si te pasa como a nosotras, a pesar de tener los mejores deseos, la gimnasia mental necesaria para leer consejos científicos cuando te falta el sueño y te interrumpen constantemente se convierte en una tarea imposible, y puede llevar a la frustración e, incluso, a una sensación de fracaso. Teníamos tanto que compartir y sentíamos tanta pasión por el tema que nuestro primer borrador resultó inmanejable, largo y excesivamente científico. Pensando en ti, hemos seleccionado la información más importante y la hemos condensado en capítulos breves y concisos que podrás leer en menos de diez minutos. La ciencia presentada es ligera, pero fundamental, justo lo que necesitas para tener una visión amplia, comprender a tu hijo y adquirir una nueva perspectiva.

Este libro se lee como uno de cocina. Cada capítulo te da los ingredientes y las instrucciones para que luego vayas y pruebes por ti mismo. Los resultados surgen al ponerlo en práctica: hay que «cocinarlo» para probarlo. No es suficiente leer la receta del pastel e imaginarla para obtenerlo, hay que conseguir los ingredientes y ponerse a cocinar. Puedes utilizar cualquier sección y cualquier parte de cualquier capítulo de forma aislada. Avanza concepto por concepto, a tu ritmo. Memoriza los títulos, ya que son instructivos. Practica lo que creas que puedes hacer o aquello que pienses que puede solucionar tu problema más apremiante. Evita caer en respuestas automáticas; mejor trata de sustituir una acción habitual por una nueva estrategia. Sobre todo, no te agobies, poco a poco lo conseguirás. Date tiempo y sé constante para formar un nuevo hábito. Verás cambios palpables en tu hijo y mejorará la armonía familiar. Sé perseverante, no tienes que hacer todo de golpe. Un capítulo al día es factible y te conducirá a cambios sostenibles.

UN MÉTODO SENCILLO, PERO EFICAZ

El libro se divide en tres secciones. La primera te ayuda a comprender cómo funcionan los niños y las causas de su comportamiento, teniendo en cuenta su biología. El desarrollo está guiado desde el interior por su genética. No puedes ver cómo evoluciona su cerebro, pero sí puedes ver cómo esto se traduce en gustos e impulsos hacia determinadas acciones y actividades que lo favorecen. Sus intereses y tendencias cambian en distintos periodos en función de sus necesidades cerebrales y corporales, y constituyen una guía fiable para fomentar su desarrollo cerebral.

La segunda sección explica cómo adaptar tu enfoque a las características y necesidades biológicas de tu hijo. De este modo, podrás apoyar este plan innato y los impulsos que siente. Basándonos en Montessori, proponemos un método sencillo que empieza por crear un entorno que responda a las motivaciones e intereses actuales del niño. Una vez que el entorno es seguro y rico, se puede dejar al niño interactuar libre y espontáneamente en él. Entonces, el papel del adulto será el de observar e intervenir solamente cuando se requiera y de forma gradual. El desarrollo tiene que hacerlo el niño a través de su propio trabajo y esfuerzo; por más que queramos acelerar su crecimiento o evitarle momentos duros no es posible hacerlo, y mucho menos imponérselo.

Por último, en la tercera sección recopilamos una lista de acciones que puedes poner en práctica una a una. En capítulos cortos y livianos te proponemos las instrucciones para saber qué hacer y qué evitar, con ejemplos de la vida cotidiana. Los títulos empiezan por «Déjame», como «Déjame hacerlo a mi ritmo», para ayudarte a crear los nuevos hábitos de pensar y actuar tomando en cuenta lo que necesita tu hijo. Nuestra intención es que comprendas la profundidad y la amplitud del enfoque y puedas aplicarlo de forma fácil a tu situación concreta.

Hace cien años, María Montessori comparó a los niños con ciudadanos olvidados y advirtió que los esfuerzos de la sociedad debían dirigirse a mejorar la educación en la primera infancia, porque en esa etapa reside el poder para cambiar a la sociedad. Aún queda mucho camino por recorrer para alcanzar esta visión. Tus esfuerzos como padre o madre son cruciales para contribuir a mejorarla.

> El niño es el ciudadano olvidado y, sin embargo, si los estadistas y los pedagogos finalmente se dieran cuenta de la fuerza terrible que hay en la infancia, creo que le darían prioridad sobre todo lo demás. Todos los problemas de la humanidad

dependen del hombre mismo; si no se tiene en cuenta al hombre en su construcción, los problemas nunca se resolverán. El hombre debe ser cultivado desde el principio de la vida, cuando los grandes poderes de la naturaleza están en acción.

María Montessori
Carta de 1947 a todos los gobiernos
(Association Montessori
Internationale, 2020)

SECCIÓN I
ENTIENDE CÓMO FUNCIONO: MI CEREBRO SOLO SE CONSTRUYE UNA VEZ

El éxito del método Montessori radica en que es una pedagogía adaptada a las características biológicas del niño en proceso de maduración. Su sistema se basa en descubrir las necesidades de desarrollo y atenderlas con entornos estimulantes y un enfoque no intervencionista. Siguiendo los descubrimientos de Montessori, y complementándolos con la ciencia moderna, en esta sección explicamos los principales aspectos biológicos del cerebro de los niños pequeños y las necesidades de desarrollo que estos crean.

Hemos mantenido sencilla la parte científica con el objeto de proporcionarte la información suficiente para que comprendas a tu hijo y puedas aplicar el método que proponemos en la segunda sección. En esencia, Montessori descubrió que la mente de los niños es como «una esponja absorbente» en la primera infancia (de ahí viene el dicho popular), y que muestran una sensibilidad predecible para aprender ciertas habilidades en momentos muy concretos, que ella llamó «periodos sensibles». Se ha comprobado que su método fomenta procesos cerebrales que hoy en día en neurociencia se llaman «funciones ejecutivas».

VENGO CON UN PLAN DE DESARROLLO INCLUIDO

> El desarrollo es activo, es la construcción de la personalidad a la que se llega por el esfuerzo de las propias experiencias; es el largo camino que todo niño debe recorrer para alcanzar la madurez... nadie puede hacer que otro se desarrolle. El desarrollo no se puede enseñar.
>
> **María Montessori**
>
> (Montessori, 2007a, p. 185)

Cuando los niños nacen, su cerebro no está terminado. Muchas funciones biológicas y cognitivas todavía se están perfeccionando y refinando. Consiguen su maduración a través de experiencias concretas con su entorno, por sus propios esfuerzos. Aunque externamente parezca que no está ocurriendo gran cosa, su cerebro está experimentando importantes cambios que sentarán las bases de la persona en la que se convertirán. El cerebro finaliza su arquitectura primordial en la primera infancia, aunque ciertas áreas siguen madurando hasta aproximadamente los 25 años de edad.[1]

---

1 La corteza prefrontal y el cerebelo siguen madurando durante la adolescencia y hasta los 20 años en las mujeres y los 25 en los hombres.

EL DESARROLLO SE GUÍA DESDE DENTRO

Montessori se dio cuenta de que los niños están genéticamente predispuestos a aprender y a desarrollarse de adentro hacia fuera. Se dejan llevar por impulsos internos imparables y, como consecuencia, muestran comportamientos específicos en momentos concretos. Estos impulsos los llevan a interactuar con el entorno de formas muy particulares para reunir los elementos que requieren para su maduración cerebral. En cierto modo, tienen un maestro interior que los guía. La manifestación externa de este proceso natural es que los niños se sienten atraídos por su entorno como el metal por un imán.

EL DESARROLLO DEPENDE DEL ENTORNO

Como todo ser vivo, los seres humanos están diseñados genéticamente para evolucionar dentro de su entorno específico. Este es el proceso natural que garantiza que se adapten bien a su tiempo y lugar. Montessori propuso pensar en dos periodos embrionarios, uno prenatal y otro posnatal. Concibió el entorno del niño durante los tres primeros años como un segundo útero que nutre y termina de formar su cerebro. La ciencia está corroborando que las experiencias ambientales tempranas tienen el poder de moldear la trayectoria de desarrollo de una persona mediante la configuración cerebral, a través de procesos como la activación y desactivación de ciertos genes, dependiendo de lo que viva la persona, un fenómeno llamado epigenética. Aunque es ineludible que vivencias como un temblor, una guerra o un mal maestro dificulten su desarrollo, tú puedes amortiguar daños y potenciar el desarrollo de tu hijo asegurándote, dentro de lo posible, de que su entorno esté bien preparado para responder a sus necesidades.

EL DESARROLLO SIGUE UNA TRAYECTORIA PREDECIBLE PARA TODOS

Todos los seres humanos compartimos un código genético común que determina una trayectoria de desarrollo universal con señales predecibles a lo largo del camino. Al mismo tiempo, cada niño tiene un programa genético único y, por lo tanto, su maduración tendrá características y tiempos singulares. Las experiencias ambientales añaden más variabilidad al desarrollo cerebral único de cada persona. Por ejemplo, hay intervalos de tiempo generales y predecibles en los que la mayoría de los niños caminan y hablan. Sin embargo, el rango «normal» es muy amplio y variable. Alcanzar un hito más tarde no presagia en modo alguno que el niño vaya a ser peor en esa habilidad que alguien que lo haya logrado antes. Dentro de esos marcos, cada niño alcanzará hitos a medida que su cuerpo y su mente estén preparados. No se pueden apresurar los tiempos biológicos individuales; educar requiere paciencia.

El progreso de tu hijo a lo largo de este proceso se manifestará mediante signos externos que reflejan los cambios internos. Habrá momentos en los que verás un crecimiento y cambios rápidos. En otras ocasiones, estos parecen ralentizarse porque el niño está consolidando conocimientos y habilidades adquiridos previamente. Otras veces, su progreso no será visible en absoluto, sin embargo está ocurriendo. En contra de la intuición, habrá etapas en las que puede parecer que tu hijo está, incluso, retrocediendo, sobre todo antes de dar un brinco hacia adelante. Esto pasa, por ejemplo, cuando adquiere un nuevo principio y se muestra torpe o despistado hasta que aprende a aplicarlo adecuadamente. Ten paciencia y confía en que está siguiendo su propio camino.

EL DESARROLLO SE PRODUCE SIMULTÁNEAMENTE EN TODAS LAS DIMENSIONES

Los niños adquieren y perfeccionan muchas habilidades a la vez. Crecen simultáneamente en muchos ámbitos: el físico, el emocional, el intelectual y el social. El desarrollo en una dimensión afecta el de las demás, y todas son igual de importantes para crear un ser humano sano y completo. Por ejemplo, cuando un niño limpia una mesa, está afinando sus sentidos, mejorando el control de sus músculos, perfeccionando su intelecto (fijando objetivos, planificando, usando la lógica, resolviendo problemas) y aprendiendo a contribuir a su comunidad.

EL DESARROLLO ES MODULAR

A medida que los niños crecen, sus habilidades se perfeccionan y aumentan en complejidad construyendo sobre las adquisiciones de periodos anteriores. Cada mejora puede verse como una secuencia o serie de conquistas hacia grados crecientes de independencia. Es esencial dejar que el niño construya los cimientos con solidez y sin apresurarlo. Si no encuentra en el entorno los bloques de construcción que precisa en los momentos adecuados, su desarrollo podría verse limitado, y a menudo le resultará más difícil ponerse al día en el futuro porque no ha adquirido la habilidad en el momento en que su cerebro está más preparado para ello. Cuando apoyas a tu hijo para que perfeccione sus capacidades en los momentos precisos, su desarrollo es óptimo. Existe cierta flexibilidad para reparar huecos más adelante porque el cerebro sigue siendo maleable y tiene una capacidad de adaptación increíble; sin embargo, seguramente será una labor ardua y difícil.

TU PAPEL ES SER UN ASISTENTE DEL DESARROLLO

El desarrollo del niño es un proceso de autoconstrucción. Los niños no son una *tabula rasa* sobre la cual se escribe partiendo de cero. Poseen la fuerza motriz de su propio desarrollo y aprendizaje. Lo mejor que puedes hacer por tu hijo es confiar en su programa biológico y darle libertad para seguir sus impulsos internos, asegurándote de que tenga acceso al tipo apropiado de experiencias cuando las busque (en el resto del libro te instruimos sobre cómo hacer esto). Tu papel no es moldearlo, sino ayudarlo a desarrollarse a su manera.

Cuando se cuida un retoño está claro que estirar del tallo no puede hacerlo crecer; al contrario, solo lo dañaría. Puede que esto no sea tan evidente con tu hijo, pero tienes que tener paciencia para que su desarrollo se produzca de la mejor forma y siguiendo su propia trayectoria. Es mejor que dediques tus esfuerzos a preparar el entorno y a crear las condiciones para una maduración óptima. Comprender algunos aspectos básicos sobre tu hijo también te ayudará a detectar cuando las cosas no progresan con normalidad (por ejemplo, a veces los niños tienen retrasos en el habla por una deficiencia auditiva y es necesario buscar ayuda profesional).

EN RESUMEN

Los niños vienen con un plan de desarrollo refinado durante una larga evolución biológica; confía en él. Los primeros años son los más importantes en la vida de tu hijo porque es entonces cuando se están construyendo los cimientos de su cerebro. Los niños se desarrollan siguiendo un amplio camino universal con hitos generalmente predecibles; sin embargo, cada uno tiene trayectoria única dentro de esos límites generales. Respétalos y ayuda a tu hijo a crecer de adentro hacia fuera.

Diagrama 1. **Las cuatro etapas de desarrollo de Montessori**

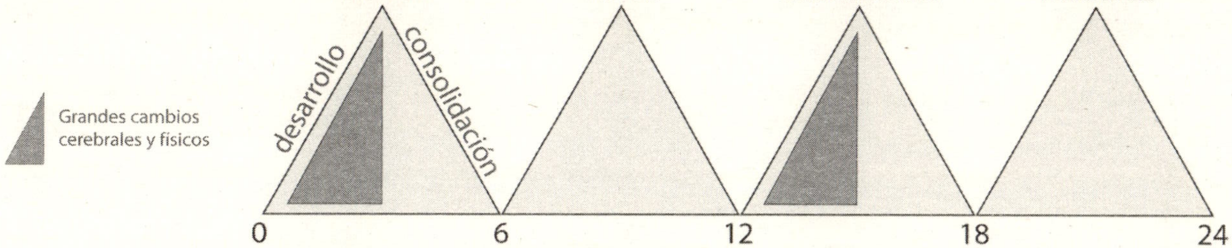

META	independencia física	independencia mental	independencia social	independencia moral
ENFOQUE	uno mismo	familia y amigos	comunidad	sociedad
SENSIBILIDAD	movimiento sentidos lenguaje socialización orden	abstracción imaginación amistad moralidad / justicia cultura	dignidad pertenencia autonomía justicia social	autonomía económica autonomía social responsabilidad personal responsabilidad social

Fuente: Elaboración propia basada en el dibujo de María Montessori, Peruggia 1950. María Montessori observó que el desarrollo del ser humano dura 24 años y lo dividió en cuatro planos (etapas), cada uno resultando en adquirir más independencia particularmente en un área. En cada etapa la persona muestra unas sensibilidades y enfoque particulares, lo cual está relacionado con los cambios biológicos. La temprana infancia (gris) se asemeja a la temprana adolescencia, con grandes cambios cerebrales y físicos.

TENGO UNA MENTE ABSORBENTE

> Las impresiones no solo entran en su mente, sino que la forman. El niño crea sus propios «músculos mentales», utilizando para ello lo que encuentra en el mundo que le rodea. Lo aprende todo sin saber que lo está aprendiendo, y al hacerlo pasa poco a poco de lo inconsciente a lo consciente.
>
> **María Montessori**
> (Montessori, 2007a, pp. 21–22)

Piensa en un niño recién nacido y ahora piensa en él como uno de siete años. En este breve lapso de tiempo los niños experimentan una transformación formidable, casi una metamorfosis. Pasan de ser bebés vulnerables, totalmente dependientes e inmaduros, a ser humanos autónomos y bien adaptados que ya a los siete años dominan muchas habilidades fundamentales. Si todo va bien, adquirirán a la perfección todas las lenguas que se hablan en su entorno; aprenderán a andar y a correr; a vestirse y alimentarse solos; a detectar lo que sienten y lo que necesitan los demás y a ayudarles; a actuar de acuerdo con las normas sociales de su comunidad; a empezar a tener opiniones propias y mucho más. Esta notable transformación es posible gracias al modo especial en que funciona el cerebro en la primera infancia: tiene la mayor plasticidad que tendrá en toda su vida.

EL CEREBRO DE LOS NIÑOS ES DEPENDIENTE DE LA EXPERIENCIA

El «plano» que guiará la construcción del cerebro humano no está totalmente especificado biológica o genéticamente. Para tener ese grado de especificación y posibilitar la adaptación a cualquier medioambiente, el cerebro de un neonato tendría que ser tan grande que no cabría por el canal de parto. Por ello, el ser humano ha evolucionado de forma que el entorno contribuye a moldear el cerebro, como Montessori lo concibió, como si fuera una segunda matriz.

Durante los primeros siete años tienen lugar muchos procesos neuronales que recablean el cerebro a partir del nacimiento. Por ejemplo, algunas neuronas siguen migrando a sus lugares permanentes por un corto periodo después del nacimiento, lo cual nunca más vuelve a suceder. Además, se forman en torno a un millón de conexiones nuevas. Al principio de la vida, el cerebro de los bebés tiene una sobreabundancia de conexiones neuronales que se reajustan con base en lo que vive. Las proyecciones de las neuronas son inicialmente un tanto aleatorias y no solo van a donde es útil dado el entorno, sino también a lugares donde no tienen propósito. La experiencia ayuda a esculpir el cerebro y una forma de hacerlo es «podando» o eliminando las proyecciones que añaden ruido y no son necesarias.

Por lo tanto, la forma y la función que adquiere el cerebro dependen literalmente de las vivencias en la primera infancia. Condicionado por las experiencias que vive, el cerebro de tu hijo selecciona y refuerza las redes neuronales que son útiles en su contexto y elimina las que no lo son. Como dicen los neurocientíficos, las neuronas que se activan juntas se conectan juntas.[2] Así, las experiencias repetidas refuerzan las conexiones neuronales que más se utilizan, mientras que las que no se usan se desvanecen. Con el uso se van forjando surcos que quedan marcados y predominan. Un ejemplo claro es la adquisición del lenguaje: a medida que el niño aprende a escuchar, entender y hablar su lengua o lenguas materna/s, pierde simultáneamente la capacidad de diferenciar sonidos de otras lenguas que no estén presentes en su entorno.

Este proceso de maduración cerebral «dependiente de la experiencia» es brillante desde el punto de vista evolutivo: proporciona a los recién nacidos una gran versatilidad para adaptarse y sobrevivir en cualquier entorno, en la nieve o en el desierto, la vida urbana o la rural. Como señaló Montessori en la década de 1930, los niños tienen «mentes absorbentes» que captan las impresiones de su entorno y las utilizan para moldear su cerebro y adecuarse: «Hay en el niño un tipo especial de sensibilidad que le lleva a absorber todo lo que le rodea, y este trabajo de observación y absorción es lo único que le permite adaptarse a la vida» (Montessori, 2007a, p. 55).

2 Esto es la regla de Donald Hebb, descubierta en 1949.

EL CEREBRO DE LOS NIÑOS ESTÁ EXPECTANTE DE EXPERIENCIAS

Para asegurar el éxito de la adaptación, el programa de desarrollo cerebral espera las experiencias idóneas que le permitirán seguir avanzando y creciendo. El código genético guía el proceso de esculpir el cerebro e impulsa al niño a buscar experiencias ambientales concretas, que luego terminan de conectarlo. Por eso se dice que el cerebro está «ávido de experiencias,» es como si estuviera hambriento. El debate por excelencia sobre las influencias en el proceso de formación de un individuo y qué pesa más, la naturaleza o la crianza, está dando un giro. No son influencias independientes, sino que ambos aspectos, entorno y genética, están inextricablemente entrelazados a un nivel biológico fundamental. Es la relación entre los dos que forma al individuo.

Por lo tanto, desde el punto de vista biológico, el ambiente es crucial para el desarrollo cerebral de los niños y estos están genéticamente predispuestos a buscar experiencias medioambientales concretas. En la primera infancia, el cerebro está construyendo sus múltiples funciones y coordinando todos los sistemas corporales y los sentidos. Piensa en los elementos del entorno como si fueran el alimento del cerebro de tu hijo. Este hecho crea un marco en el que puedes influir en su progreso a través del ambiente. Tu tarea y responsabilidad es asegurarte de proporcionar a tu hijo, en la mejor medida que puedas, los estímulos adecuados en el momento oportuno, en los distintos ámbitos (sensorial, motor, intelectual y social). Este libro te ofrece ideas prácticas para conseguirlo. En esencia, enfócate en dos cosas: los elementos tangibles del entorno (objetos, actividades o música) y las interacciones humanas.

EL CEREBRO DE LOS NIÑOS NECESITA EXPERIENCIAS SENSORIOMOTRICES PARA DESARROLLAR TODAS SUS CAPACIDADES INTELECTUALES

Los niños adquieren habilidades y conocimientos de muchas maneras. Tu hijo necesita interacciones directas con su entorno, sin interferencias. Sus sentidos y el movimiento son las herramientas que utiliza para construir su inteligencia. A partir de experiencias sensoriales y motrices concretas con objetos, la naturaleza y personas, crea sus conceptos mentales. Poco a poco, las impresiones e interacciones que absorbe se utilizan para construir su intelecto y su persona. Por ejemplo, los niños que crecen interactuando con mascotas o animales en su entorno desarrollan empatía y conocimiento directo de sus funciones biológicas como cuando tienen crías, sus hábitos, etc. Las impresiones experimentadas con el cuerpo se registran y forman la base de su comprensión del mundo y trazan un «mapa de significado» de cómo funciona.

EL CEREBRO DE LOS NIÑOS NECESITA INTERACCIONES HUMANAS POSITIVAS

Date cuenta de que la mente de tu hijo es como una esponja: absorbe las cualidades de su entorno físico para aprender sobre el mundo y también asimila las cualidades del aspecto humano, y con ellas aprende sobre los demás. De la misma manera que aprende sobre objetos manipulándolos, aprende a través de interacciones sensoriomotrices concretas con las personas que le rodean, como cuando lo abrazan o le gritan. Los nutrientes sociales que espera su cerebro tienen que ver con el contacto físico y la atención exclusiva (ver recuadro sobre la teoría del apego).

Desde que nace, tu hijo busca interacciones sociales y será especialmente sensible a ellas durante los tres primeros años de su vida. Hay importantes razones biológicas para que esto sea así. Las experiencias sociales moldean el cerebro y, por lo tanto, afectan directamente a muchas capas del ser humano: su salud mental y física en el presente y en el futuro, su capacidad de aprendizaje y sus habilidades cognitivas, así como la forma en que se relacionará con los demás y se orientará en el mundo. Cada vez más, la neurociencia muestra que el aprendizaje es inseparable de las interacciones humanas.

Además, durante los tres primeros años, la información sobre sus primeros vínculos se almacena inconscientemente y deja una huella, una especie de plantilla en su memoria que influirá en cómo se relacionará con los demás en el futuro. Estas experiencias tempranas afectan la formación de su psique creando, por ejemplo, creencias básicas sobre uno mismo, sobre las personas y sobre el mundo y, por lo tanto, marcarán su futuro patrón de pensamiento, sentimientos y comportamiento. Debido a su naturaleza inconsciente, estos recuerdos serán difíciles de recuperar y modificar más adelante. Todas estas vivencias de la primera infancia contribuyen a crear la voz interior del adulto.

TUS CUIDADOS SALVAGUARDAN EL CEREBRO DE TU HIJO DE LOS EFECTOS NOCIVOS DEL ESTRÉS

Se ha demostrado que para una maduración cerebral óptima es necesario tener una sensación de seguridad y bienestar, creada por un contacto humano fiable, cariñoso y respetuoso (Whittle *et al.*, 2014). Por otra parte, un exceso de estrés afecta negativamente al desarrollo cerebral y tiene consecuencias de largo alcance, tanto para la salud física como mental. Los efectos de las experiencias traumáticas durante la primera infancia son muy difíciles de remediar más adelante. Por otro lado, se ha observado que la sensibilidad y el cariño de adultos cercanos pueden bloquear, anular, mitigar e, incluso, revertir esos efectos negativos.

Las hormonas generadas en circunstancias de estrés continuo han sido relacionadas con modificaciones estructurales en las conexiones cerebrales y con el deterioro de la cognición (Graf *et al.*, 2021). Las experiencias infantiles adversas pueden tener efectos fisiológicos tangibles y a largo plazo en el organismo. Por ejemplo, el estrés puede provocar una pérdida de conexión funcional entre la corteza prefrontal y la amígdala. La corteza prefrontal se vuelve incapaz de comunicarse eficazmente con la amígdala y, por tanto, de calmar a la persona; esta permanece en un estado ansioso e hipervigilante, en alerta constante ante un posible peligro, se asusta con facilidad y en exceso, se inmoviliza ante las cosas que le provocan ansiedad. Esto puede tener efectos serios de salud a largo plazo. Tu cercanía y tus cuidados literalmente protegen a tu hijo de traumas y enfermedades y de los efectos nocivos del estrés sobre su cerebro en desarrollo no solo ahora, sino en el futuro.

TEORÍA DEL APEGO: UNA DE LAS MAYORES INFLUENCIAS EN LA VIDA DE UN NIÑO ES LA CALIDAD DE LA ATENCIÓN QUE RECIBE

Se ha demostrado que conseguir un apego seguro en la primera infancia es la piedra angular de todo lo demás en una vida satisfactoria y saludable, ya que afecta las relaciones interpersonales, el éxito escolar, tener el valor para explorar y asumir riesgos, etc. El psicólogo británico John Bowlby señaló que el vínculo emocional con una figura principal de apego durante los primeros dos años crea el modelo para las relaciones futuras y la seguridad en uno mismo. Esto se debe a que las respuestas de los padres y del cuidador principal en los primeros meses, y un par de años después, determinan el curso del desarrollo emocional y social del cerebro. El niño forma una imagen mental del mundo y de cómo son las personas: ¿seguros o peligrosos?, ¿predecibles o impredecibles?

En primer lugar, cuando son bebés, los niños necesitan el contacto físico humano: mamar, que los tomen en brazos, mecerlos, hablarles, etc. Esta estimulación es importante para su crecimiento físico y para establecer sus sistemas de regulación. Se ha comprobado que los recién nacidos prosperan con el contacto de piel a piel. Los beneficios son tan evidentes que la Organización Mundial de la Salud (OMS) recomienda el «cuidado materno canguro» para los bebés prematuros y de bajo peso.[3] Está ampliamente demostrado que los bebés que no reciben suficiente contacto físico y atención no prosperan y, en casos extremos, mueren trágicamente (Lynch & Roberts, 1982).

Los niños necesitan contacto físico suave, sonrisas, contacto visual sostenido, movimientos rítmicos como mecerlos o llevarlos en brazos. Necesitan ser atendidos cuando lloran o tienen emociones fuertes. Necesitan saber que son amados y que creemos en ellos. Si dos niños están angustiados y a uno se le atiende y se calma y al otro no, acabarán teniendo circuitos cerebrales diferentes y una reactividad distinta ante la vida.

Es esencial darles respuestas *constantes, rápidas y afectuosas* a sus intentos de comunicar sus necesidades. Esto les ayuda a sentirse seguros y a desarrollar la confianza de que serán atendidos en un momento de gran vulnerabilidad y dependencia. A partir de esta base segura y previsible empezarán a aventurarse a explorar más allá de su esfera inmediata de seguridad, de forma orgánica y saludable. Este proceso natural les permite ganar independencia y adaptarse a momentos difíciles de separación o pérdida, al mismo tiempo que aprenden a volver a la conexión contigo y al equilibrio interior. Este proceso de desapego y apego, separación y reconexión es como un baile; es natural y está guiado desde el interior.

El cuidado que recibe un niño en sus primeros momentos y durante sus primeros dos años determina la persona en la que se convertirá y cómo se relacionarán con los

---

3 Los beneficios del cuidado materno canguro en bebés prematuros o de bajo peso incluyen reducciones en la mortalidad, ganancia de peso más rápida, beneficios para cerebro y la motricidad y otros.

demás de por vida. Alguien que ha formado un apego seguro en la primera infancia tiene más probabilidades de tener una base interna sólida de confianza, seguridad y bienestar; lo cual le da la capacidad de crear y disfrutar de relaciones de alta calidad y duraderas, y de sentirse valioso como persona. Aquellas personas que tuvieron un inicio complicado a nivel de apego podrán hacerlo en el futuro, pero a través del esfuerzo. Aunque tú no hayas tenido un comienzo fácil en tu infancia se ha comprobado que lo puedes conseguir con tu hijo si reflexionas e integras emocionalmente tus experiencias pasadas.

> ... uno de los elementos clave del apego seguro es el contacto visual afectuoso. Una mirada de amor no se puede fingir, pues solo cuando se siente genuinamente el contacto visual se dilatan las pupilas. Los experimentos demuestran que los bebés sonríen más cuando miran a ojos que tienen las pupilas dilatadas: perciben la diferencia entre una mirada desapasionada y una mirada genuinamente afectuosa. Las miradas y las sonrisas cariñosas y sostenidas de un cuidador infunden a los bebés una alegría indescriptible. Lo que se produce es una cascada de dopamina, opioides endógenos, encefalinas y endorfinas en el cerebro del bebé, todas ellas sustancias químicas asociadas a las relaciones afectuosas. Esta oleada de sustancias químicas cerebrales provocada por la alegría favorece la maduración de regiones precisas de la corteza (la corteza orbitofrontal, por ejemplo), que se encargan de la regulación saludable de las emociones más adelante en la vida. Cada sonrisa y mirada afectuosa de los padres «ayuda a crecer al cerebro». Todo bebé necesita este tipo de experiencia nutritiva con regularidad y frecuencia para un desarrollo cerebral sano.
>
> **Robin Grille**
> (Grille, 2013, p. 237)

EN RESUMEN

Durante los primeros seis o siete años de vida, el cerebro de tu hijo funciona de una manera especial: es lo más maleable que jamás será. Percibe y absorbe todo lo que le rodea y aprende sin esfuerzo y normalmente con alegría. Sus experiencias en la primera infancia son formativas, ya que moldean las redes neuronales que hacen que su cerebro sea único. La calidad del entorno de tu hijo influirá en el cerebro que acabará teniendo y, por lo tanto, determinará la persona en la que se convertirá. Es esencial proporcionarle los elementos que requiere durante este periodo para que se desarrolle saludablemente; de lo contrario, sería mucho más difícil recuperar la carencia después de la infancia e, incluso, podría tener consecuencias el resto de su vida. Presta atención al ambiente o a las situaciones a las que expones a tu hijo, ya que lo absorbe todo, lo bueno y lo malo. Tus cuidados le protegen y pueden amortiguar muchos daños. Montessori acuñó el concepto «mente absorbente»: «Como una esponja, estos niños absorben. Es maravilloso este poder mental del niño. Solo que nosotros no podemos enseñar directamente. Es necesario que el niño se enseñe a sí mismo, y entonces el éxito es grande» (Montessori, 2019, p. 45).

LOS NIÑOS ATRAVIESAN PERIODOS SENSIBLES

> Los psicólogos actuales hacen hincapié en que si no se proporciona el *input* adecuado durante un periodo sensible, el aprendizaje no se adquirirá, al menos no tan fácilmente o tan bien, como lo habría hecho durante ese periodo.
>
> **Angeline Stoll Lillard**
> (Lillard, 2016, p. 147)

Hay momentos especiales durante la infancia en los que el cerebro de tu hijo es más receptivo al aprendizaje de una habilidad específica, como la percepción sensorial o el control motor. En estas oportunidades buscará elementos y experiencias muy concretas en su entorno que lo lleven a dominar esa habilidad. María Montessori observó que los niños mostraban una sensibilidad elevada y pasajera a determinados tipos de experiencias en momentos predecibles. Se refirió a estos como «periodos sensibles», tomando prestado el término de los biólogos que habían observado e informado de esta predisposición biológica en las crías de muchas especies. Como una linterna que ilumina ciertas zonas del entorno y deja otras a oscuras, los niños se quedan hipnotizados con ciertos estímulos que los rodean, ignorando otros por el momento.

EL MOMENTO OPORTUNO LO ES TODO

Si el ambiente no contiene los elementos necesarios para que una habilidad se desarrolle de manera óptima en el momento esperado, puede resultar realmente difícil hacerlo más adelante. Por ejemplo, aprender un idioma es mucho más natural y sencillo cuando uno es pequeño, y requiere de mucho esfuerzo cuando se trata de aprender años después.

Los periodos sensibles se producen en un calendario generalmente predecible y preprogramado en todos los niños, y son la causa de los hitos conocidos. Observarás que una vez que tu hijo domina la acción de caminar, invariablemente buscará nuevos retos físicos, así como mantener el equilibrio sobre paredes bajas o líneas en el suelo, como si una voz interior lo dirigiera para perfeccionar sus movimientos y equilibrio. Otro ejemplo es que los bebés muestran predilección por la voz humana y los movimientos de la boca desde que nacen, lo que posibilita la adquisición del lenguaje y hace que la mayoría empiecen a hablar y presenten una «explosión del lenguaje» en torno a los dos años de edad.

GUÍATE POR LOS PERIODOS SENSIBLES

Todavía hay investigaciones activas sobre las etapas sensibles del ser humano en la infancia. A efectos prácticos de la crianza de un niño, el marco de los periodos sensibles de

Montessori puede ayudarte a entender el comportamiento de tu hijo; por ejemplo, por qué se lleva todo a la boca o por qué llora cuando su padre se afeita la barba y cambia de aspecto. Obsérvalo e intenta identificar las habilidades y funciones que está madurando y, por lo tanto, lo que necesita. Montessori observó los siguientes periodos sensibles que pueden servirte de guía[4] con las habilidades que el niño busca desarrollar en la primera infancia:

1. **Coordinación de movimientos**: control muscular grueso y fino, por ejemplo, perfeccionamiento del uso de los músculos de la mano (pinza digital), equilibrio, coordinación mano-ojo.
2. **Lenguaje:** comprensión, reproducción de sonidos y, posteriormente, de frases; lo que conduce al dominio del lenguaje oral y más tarde a la alfabetización.
3. **Desarrollo social:** vinculación y apego, socialización con los demás, adaptación a las normas sociales.
4. **Perfeccionamiento de los sentidos**: desarrollo cada vez más preciso del oído, la vista, el tacto, el olfato, el gusto; clasificación y discriminación de las cualidades de los objetos.
5. **Orden:** comprensión del mundo (físico y social) y desarrollo de la lógica.

EN RESUMEN

Existe un orden cronológico natural en el que el cerebro y el cuerpo del niño están programados para desarrollarse.

4 Nota: los periodos sensibles de Montessori difieren de las clasificaciones actuales.

Es aprovechando esos momentos de preparación biológica como se puede optimizar su crecimiento, proporcionándole lo que necesita en su entorno y en las interacciones con él. Advirtiendo dónde pone su atención tu hijo y qué hace repetidamente puedes aprender a detectar estos periodos y ofrecerle lo que requiere. Presta atención a lo que tu hijo observa.

ESTOY CONSTRUYENDO EL CENTRO DE CONTROL DE MI CEREBRO

> Contrariamente a la creencia popular, aprender a controlar los impulsos, prestar atención y retener información de forma activa en la memoria no ocurre automáticamente a medida que los niños maduran, y los niños pequeños que tienen problemas con estas habilidades no necesariamente las superarán. Las pruebas también demuestran que las intervenciones tempranas dirigidas a mejorar estas capacidades antes de que un niño entre en la escuela pueden tener efectos beneficiosos en una amplia gama de resultados importantes.
>
> **Center on the Developing Child at Harvard University**
> (2011, p. 10)

La investigación ha puesto de relieve que el desarrollo de ciertos procesos mentales llamados «funciones ejecutivas» predice el éxito y la calidad de vida de una persona en muchos ámbitos, a menudo más que el cociente intelectual o su origen socioeconómico. Es importante que padres y educadores comprendan que los niños no nacen con ellas, sino que hay que fomentarlas. Su importancia radica en que permiten a una persona regular conscientemente sus pensamientos, emociones y acciones, y dirigir su comportamiento hacia un objetivo elegido. Permiten a una persona crear planes y ejecutarlos mientras controla los impulsos que le impedirían alcanzarlos. La calidad de las funciones ejecutivas de una persona influye en aspectos tan amplios de su vida como el rendimiento académico en la escuela y la universidad, la armonía en sus relaciones, su nivel de ingresos, su salud y su forma física, el abuso de sustancias y su calidad de vida en general (Diamond & Ling, 2016). No se puede insistir lo suficiente en el efecto positivo de fomentar el desarrollo de estas funciones. Aunque continúan desarrollándose durante muchos años después, en la primera infancia se construyen sus cimientos.

Curiosamente, María Montessori, a través de sus extensas observaciones del comportamiento de los niños, hizo varios descubrimientos clave estrechamente alineados con las funciones ejecutivas, a pesar de que estos conceptos no se formalizaron hasta hace poco tiempo. Fue una pionera: muy adelantada para su época, concibió su pedagogía con el objetivo de fomentar el desarrollo de muchas habilidades que ahora se reconocen como funciones ejecutivas, tales como el autocontrol, la concentración, la perseverancia y la disciplina.

LAS FUNCIONES EJECUTIVAS SON COMO EL CONTROLADOR AÉREO DEL CEREBRO

Las funciones ejecutivas son esenciales para desenvolverse en la vida. El Centro para el Desarrollo Infantil de Harvard las compara con un sistema de control de tráfico aéreo que gestiona y coordina el complejo flujo de aviones en el cielo. Del mismo modo, las funciones ejecutivas gestionan y coordinan múltiples procesos cognitivos en el cerebro como prestar atención a lo que tiene más relevancia dentro de los distintos flujos de información que llegan, tomar decisiones, resolver problemas, controlar los impulsos y muchos más.

LAS FUNCIONES EJECUTIVAS NO SON INNATAS, SINO QUE SE DESARROLLAN A LO LARGO DE LA VIDA

Las investigaciones demuestran que las funciones ejecutivas no son capacidades innatas, sino que deben desarrollarse a lo largo de la infancia, la adolescencia y principios de la edad adulta. Los bebés nacen con el potencial para centrar su atención o controlar su comportamiento impulsivo, pero estas habilidades necesitan adquirirse y perfeccionarse. En términos de crecimiento cerebral, las funciones ejecutivas dependen de circuitos en los que interviene la corteza prefrontal, entre otras áreas. La corteza prefrontal tiene una maduración prolongada a lo largo de la infancia, la niñez, la adolescencia y hasta aproximadamente los 24-25 años, curiosamente en consonancia con las etapas del desarrollo que propuso María Montessori (diagrama 1).

Como subrayaba la pedagoga, es en los primeros años cuando se forman los cimientos cognitivos de la persona. Más adelante, las capacidades cognitivas más complejas dependen del nivel de perfeccionamiento alcanzado por las funciones ejecutivas elementales en los primeros años. Los niños dependerán de las funciones ejecutivas fundamentales para desarrollar habilidades complejas como aprender a leer y escribir, a resolver problemas aritméticos, a colaborar en proyectos, a debatir temas, combinar o integrar conocimientos, abstraer información, etc. Por lo tanto, los padres y los centros de educación infantil desempeñan un papel esencial en la mejora de estas funciones.

LAS FUNCIONES EJECUTIVAS BÁSICAS SE DESARROLLAN EN LA PRIMERA INFANCIA

En general, se acepta que hay tres funciones ejecutivas básicas que se adquieren principalmente en la primera infancia: la memoria de trabajo, el control inhibitorio y la flexibilidad cognitiva. Estas sirven como bloques de construcción que luego se combinarán para crear otras funciones cognitivas más complejas como el pensamiento crítico, la regulación emocional, la capacidad de razonar o la atención sostenida (Diamond & Ling, 2016).

1. **Memoria de trabajo.** Al igual que un *Post-It*, la memoria de trabajo proporciona a tu hijo la capacidad mental de retener y manipular información que ya no está disponible perceptualmente para compararla con lo que está sucediendo en ese momento o extrapolar, a fin de realizar tareas. Cada vez que tu hijo ejecuta una secuencia de pasos, sigue tus instrucciones de traer tres cosas de la cocina, compara y reorganiza objetos, entiende un cuento oral sin dibujos o considera un futuro imaginado, está poniendo en marcha su memoria de trabajo. Esta le permite aprender el lenguaje y realizar operaciones mentales. Es necesaria para desarrollar la capacidad de razonar lógicamente y comparar opciones mentalmente, así como para actualizar la información.

2. **Control inhibitorio.** Es la habilidad de frenar los impulsos. Cada vez que tu hijo practica controlar sus respuestas está fortaleciendo su voluntad, lo cual le ayudará a poder controlar sus pensamientos y emociones, resistir la impulsividad, retrasar la gratificación y conseguir parar y pensar antes de actuar. El control inhibitorio tiene tres componentes: controlar el comportamiento, controlar la atención y controlar el mundo interior.

   — Control del comportamiento. Al igual que pulsar un botón de pausa, el autocontrol ayuda al niño a resistir los impulsos y a controlar sus acciones. El control inhibitorio da a tu hijo la capacidad de no tomar la galleta y esperar pacientemente en su lugar, o de esperar su turno, o de no pegarle al niño de al lado que ha hecho algo que le molestó.

   — Control de la atención. Es similar a ponerle anteojeras a un caballo, ya que dirigir y controlar la atención requiere capacidad para gestionar distracciones como el ruido externo. Así, los niños pueden prestar atención de manera selectiva a lo que importa e ignorar el resto, como por ejemplo cuando miran un libro e ignoran los ruidos ambientales.

   — Control del mundo interior. Se puede comparar con estar en una fiesta con mucho barullo y concentrarnos en la voz de la persona con quien conversamos. Controlar el mundo interior implica dejar de lado las voces internas que pueden distraernos, como los pensamientos que no son pertinentes para el momento en el que nos encontramos.

3. **Flexibilidad cognitiva.** Así como volar una cometa con vientos cambiantes, la flexibilidad cognitiva o mental permite a tu hijo pasar de un conjunto de reglas a otro diferente, cambiar de rumbo o de perspectiva, adaptarse a nuevas circunstancias y generalizar conceptos de un contexto a otro diferente. Cada vez que tu hijo modifica una actividad, aplica conocimientos de un área a otra o tiene una idea creativa, está desarrollando su flexibilidad cognitiva. También le permite pensar con originalidad y ver las cosas desde otra perspectiva.

LAS FUNCIONES EJECUTIVAS ESTÁN INTERRELACIONADAS Y OPERAN A LA VEZ

Las funciones ejecutivas se apoyan mutuamente a la hora de realizar tareas mentales y sensoriomotrices. La memoria de trabajo apoya al control inhibitorio: para determinar qué es relevante frenar, hay que tener presente el objetivo. El control inhibitorio también apoya a la memoria de trabajo: hay que inhibir las distracciones internas y externas para poder centrar la mente en una información concreta y resistirse a que la mente divague (Diamond, 2013).

Podrás ver las funciones ejecutivas entrelazadas en las actividades diarias de tu hijo: cuando a mitad de un juego con su amigo va al baño y luego es capaz de saber en dónde se quedó, está utilizando su memoria de trabajo y flexibilidad mental. Cuando no le gusta el regalo que le hizo su tía y se abstiene de decirlo en voz alta, está usando el control inhibitorio, así como la flexibilidad cognitiva para aplicar conocimientos previos sobre normas sociales a una situación nueva (ser agradecido o preocuparse por las emociones de los demás).

LAS FUNCIONES EJECUTIVAS SON HÉROES NO RECONOCIDOS

Fomentar el desarrollo de dichas funciones durante los primeros años es esencial para la vida del niño. Son necesarias para casi todo. Sin ellas, tu hijo no tendría autocontrol, no sería capaz de recordar instrucciones, no sabría cambiar de comportamiento en diferentes contextos y siempre haría las cosas del mismo modo (Diamond, 2020).[5]

Las funciones ejecutivas contribuyen al desarrollo intelectual, emocional, social y moral, y al éxito escolar y laboral, posteriormente. Ayudan a los niños a concentrarse, a actuar de maneras que facilitan hacer amigos (como no morderles ni pegarles), y a actuar con flexibilidad y adaptarse a los retos cotidianos. Les ayudan a entender la perspectiva de los demás (empatía) y a tener compasión. A medida que crecen, les permiten elaborar pensamientos complejos, cálculos mentales, hacer planes, pensar deliberadamente antes de actuar, ser flexibles en su pensamiento y en su relación con los demás, aprender nuevos conceptos, aplicar los conocimientos a nuevas situaciones, controlar sus emociones y reacciones, evitar distracciones o tentaciones, perseverar en las tareas, ser capaces de concentrarse y ser productivos, resolver problemas, etc. En síntesis: las funciones ejecutivas son fundamentales para tener buenas relaciones en la edad adulta y una vida profesional exitosa.

5 Si sus comportamientos agudos te llaman la atención, no dudes en buscar ayuda médica, ya que un retraso en el desarrollo de las funciones ejecutivas puede indicar situaciones neurológicas como el autismo.

Diagrama 2. **Las funciones ejecutivas básicas**

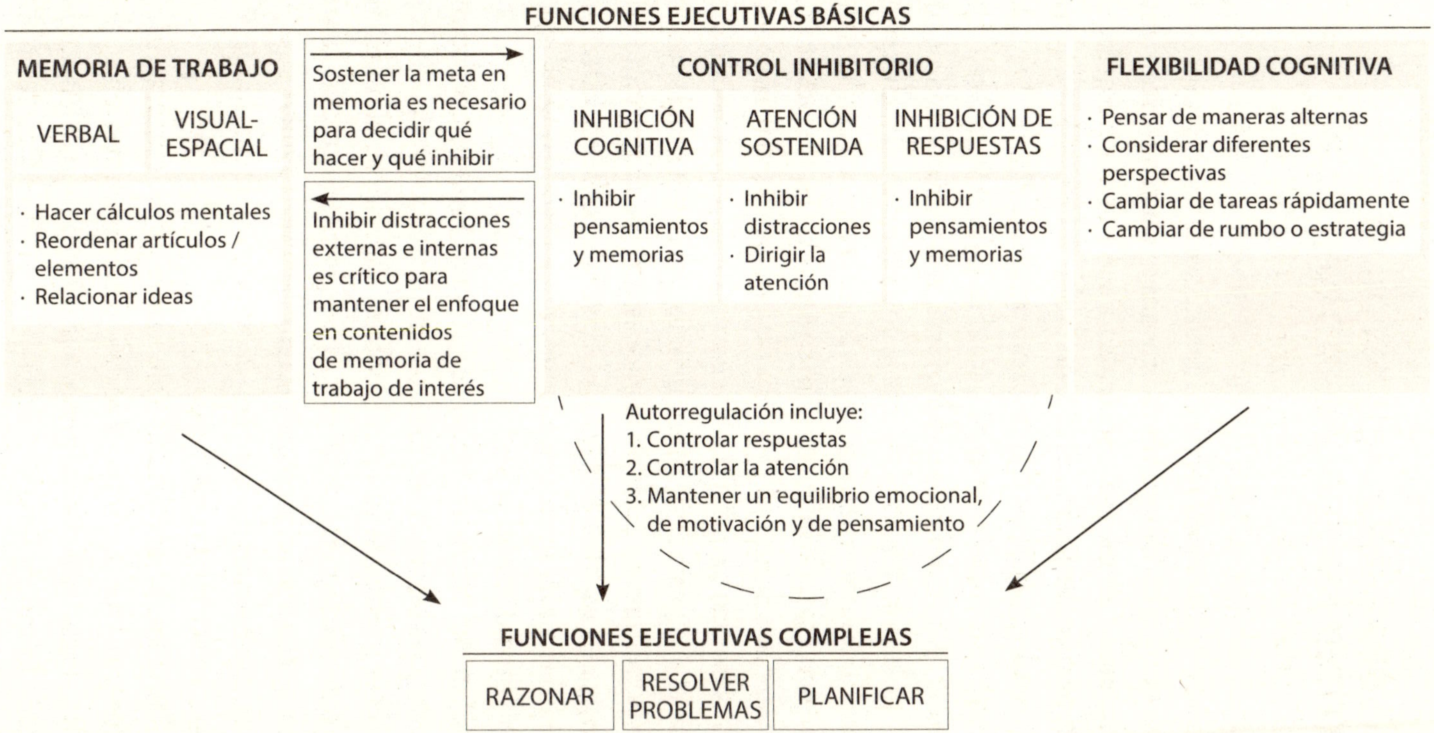

Fuente: Elaboración propia (basada en las ideas de Diamond & Ling. 2013). Las tres funciones ejecutivas básicas se desarrollan a lo largo de la primera infancia para luego dar lugar a funciones ejecutivas complejas.

EL ESTRÉS Y LOS PELIGROS INTERFIEREN EN EL DESARROLLO DE LAS FUNCIONES EJECUTIVAS

Las investigaciones también indican que los sistemas cerebrales implicados en las funciones ejecutivas están interconectados y son muy sensibles a las redes cerebrales que detectan y gestionan las amenazas y el estrés (Harvard University, 2011). La neurocientífica Adele Diamond subraya la importancia de la influencia del entorno en la corteza prefrontal, que es la parte más vulnerable del cerebro al estrés. Dice: «La corteza prefrontal y las funciones ejecutivas sufren primero y más si estás estresado, triste, solo o no gozas de buena salud física. Por el contrario, la capacidad de razonar, ejercer un buen autocontrol y adaptarse con flexibilidad al cambio (es decir, las funciones ejecutivas) son mejores cuando uno está más relajado y sin estrés, se siente nutrido emocional y socialmente, y además, goza de buena salud» (Diamond & Ling, 2016). Así que es esencial atender las necesidades emocionales, sociales y físicas de los niños.

Conocer la vulnerabilidad de esta maquinaria mental puede ayudar a amortiguar el impacto negativo de experiencias infantiles adversas como el abandono, el maltrato o los entornos violentos. Como ya vimos, los cuidados afectuosos, proporcionar un ambiente seguro y ayudar a calmar emocionalmente a los niños, tienen efectos neurológicos y cognitivos muy beneficiosos.

También se sabe desde hace tiempo que, tristemente, los niños que crecen en la pobreza sufren un retraso en el desarrollo de las funciones ejecutivas. Sin embargo, cuando los padres lo saben, pueden intervenir con métodos sencillos y poco costosos que promueven eficazmente su desarrollo como leerles o contarles cuentos regularmente desde una edad tempana, y así mitigar estos efectos.

MONTESSORI: UN SISTEMA IDEAL PARA EL DESARROLLO DE LAS FUNCIONES EJECUTIVAS

La educación Montessori es excepcionalmente adecuada para el desarrollo de las funciones ejecutivas. La filosofía de esta pedagoga está profundamente arraigada en el descubrimiento de que los niños tienen la capacidad innata de autorregularse si se les da libertad dentro de unos límites en un entorno bien preparado. En el sistema Montessori, los niños no son receptores pasivos de la disciplina y el control externo de los adultos, sino que participan activamente en la gestión de sus impulsos y en la dirección de su propio crecimiento; tienen la oportunidad de explorar y de tomar decisiones, y oportunidades diarias de practicar el control inhibitorio y la memoria de trabajo, ya sea porque los materiales se han diseñado así o por la forma en que los adultos interactúan con ellos. Además, Montessori es un método multidisciplinario, con muchos momentos para aplicar los conocimientos de una actividad a otra y de una disciplina a otras, lo que fomenta la flexibilidad cognitiva.

Como hemos visto, la combinación de las funciones ejecutivas básicas allana el camino para el desarrollo de las funciones cognitivas más sofisticadas. Uno de los objetivos más valorados en el método Montessori es ayudar a los niños a alcanzar un estado de concentración profundo para que lleguen a ser capaces de mantenerse enfocados en su tarea por periodos crecientes de tiempo. En casa, desde que son pequeños, les podemos ayudar a ignorar distracciones internas y externas, evitando interrumpirlos y creando ambientes tranquilos.

El estado de concentración profunda, observado repetidamente en niños pequeños en espacios Montessori, es realmente sorprendente. Este estado de inmersión —como si no existiera nada más en el mundo— es similar a lo que los psicólogos modernos denominan «estado de flujo» (Csikszentmihalyi, 2008) o «encontrar tu elemento» (Robinson, 2013). Sus décadas de experiencia llevaron a Montessori a creer que cuidar la concentración de los niños es la mejor manera de apoyar las demás funciones mentales. Este estado de concentración solo se alcanza cuando el niño ha podido adquirir un buen dominio de las funciones ejecutivas básicas. Curiosamente, hay evidencia moderna de que controlar la atención es clave para todas las demás funciones ejecutivas (Zelazo *et al.*, 2016). Como veremos, una vez que el niño consigue este grado de concentración profunda, también se observa una transformación positiva de su personalidad.

PUEDES FOMENTAR EL DESARROLLO DE LAS FUNCIONES EJECUTIVAS EN CASA

Las funciones ejecutivas parecen conceptos complejos, pero están vinculadas a acontecimientos sencillos de la vida cotidiana. La Dra. Diamond sugiere que muchos juegos tradicionales son brillantes para potenciarlas de forma natural, ya que requieren esperar y controlarse, comparar elementos mentalmente, guardar información, etc. Otro ejemplo es hablarle a diario con un lenguaje variado. Contarle cuentos es algo que puedes hacer cada día desde que tu hijo nace, y es una forma estupenda de ayudarle a que practique potenciar las funciones ejecutivas. Entender una historia requiere enfocar su atención y no distraerse. La participación de los niños en la narración exige el ejercicio de la memoria de trabajo, al recordar los personajes, los detalles de la trama y el argumento. Además, la narración fomenta el control natural de sus impulsos cuando permanecen quietos y atentos, sin interrumpir, logrando esperar pacientemente durante las pausas. Los giros de la trama requieren flexibilidad cognitiva cuando se adaptan a acontecimientos inesperados, lo que les permite aplicar sus conocimientos a situaciones novedosas.

Como veremos, hay muchos aspectos de la pedagogía Montessori que se pueden llevar a cabo en casa. Implicar a tu hijo en actividades cotidianas de la vida práctica es un gran comienzo, siguiendo sus intereses y acciones espontáneas, estableciendo límites claros y proporcionándole un ambiente seguro y afectuoso en el que se sienta libre para explorar. A lo largo del libro, hemos seleccionado una serie de ejemplos para fomentar las funciones ejecutivas que podrás aplicar fácilmente y que no son costosos.

EN RESUMEN

Las funciones ejecutivas son esenciales para la presente y futura calidad de vida de tu hijo. Se pueden entrenar en los primeros años, por lo que hay que actuar ahora, cuando los circuitos cerebrales clave se están conectando. El método Montessori es un terreno fértil para potenciarlas día a día. Puedes seguir su filosofía en casa, fomentando la autorregulación (control de las emociones, el comportamiento, el movimiento) y ofreciendo oportunidades para que tu hijo participe en actividades con propósito que centren su atención. Por desgracia, las funciones ejecutivas también son susceptibles de sufrir daños en circunstancias amenazadoras o en entornos que no proporcionan suficiente seguridad, libertad o estímulo. En los capítulos siguientes verás que hay mucho que puedes hacer en casa, independientemente de tus recursos.

APRENDO DE MANERAS MUY VARIADAS

> La observación científica ha establecido que la educación no es lo que el maestro da; la educación es un proceso natural llevado a cabo espontáneamente por el individuo humano, y se adquiere no escuchando palabras, sino a través de experiencias en el ambiente.
>
> **María Montessori**
> (Montessori, 2007e, p. 2)

Tu hijo viene equipado con el impulso y los mecanismos para aprender. Es el agente activo de su proceso de aprendizaje y dista mucho de ser un recipiente vacío esperando pasivamente a ser llenado. Como hemos visto, su cerebro se desarrolla al experimentar el mundo directamente. Durante los primeros seis o siete años, como reflejo de todos los procesos cerebrales que están tomando forma, verás que los niños piensan y actúan de forma muy diferente a los adultos (sus movimientos son menos fluidos, su lógica es muy factual, etc.). Incluso, aquellas actividades que parecen sencillas o triviales sientan las bases de su futura cognición. Por ejemplo, cuando tu hijo dobla una servilleta con atención está participando socialmente al ayudarte a poner la mesa, pero también está absorbiendo geometría, desarrollando su sentido de las texturas y el control de la motricidad fina, construyendo su lógica y ejercitando sus funciones ejecutivas (inhibición, control de su atención, memoria de trabajo).

LA MENTE DE LOS NIÑOS ES MUY DIFERENTE A LA DE LOS ADULTOS

La forma de pensar y actuar de los niños es el resultado de la increíble plasticidad del cerebro a esta edad, así como de sus sistemas cerebrales aún en proceso de maduración y su limitada experiencia. Los niños entienden el tiempo de otra manera, viven en el momento presente. Su lógica y su capacidad de abstracción están incipientes. En consecuencia, viven en la realidad. Se toman las cosas al pie de la letra porque su capacidad de imaginar y extrapolar está aún en construcción. Incluso, más que los adultos, alimentan su mente a través de los sentidos, por eso tocan todo y se meten los objetos a la boca, acciones que son consecuencia natural de su neurobiología.

EL DESARROLLO DE LAS CAPACIDADES INTELECTUALES DE LOS NIÑOS REQUIERE DE EXPERIENCIAS SENSORIOMOTRICES

Los niños aprenden de múltiples formas. Tu hijo necesita interactuar con su entorno sin que haya interferencias, ya que su inteligencia se construye mediante sus sentidos y sus movimientos. A partir de experiencias sensoriales y motrices concretas tanto en la naturaleza como con objetos y personas, crea sus conceptos mentales. Las impresiones experimentadas con su cuerpo se graban y forman la base de su comprensión del funcionamiento del mundo. Poco a poco, las impresiones e interacciones que absorbe las utiliza para reunir conocimientos y construir su intelecto.

Los niños aprenden con todo el cuerpo

Los niños aprenden en gran parte a partir de experiencias tangibles, manipulando objetos, materiales y herramientas. Los psicólogos las llaman experiencias sensoriomotrices porque usan sus sentidos y el movimiento de su cuerpo. Cuando vemos a un niño en acción, está aprendiendo sobre distancias, pesos, sonidos, ritmo, olores, colores, sabores, etc. Está utilizando tanto sus sentidos como su movimiento para madurar.

Los niños aprenden a través de los sentidos (sensorialmente)

Buscan experimentar el mundo directamente. Aprenden a través de los ojos, mirando y observando; con el tacto obtienen información valiosa sobre texturas, temperaturas, formas y tamaños. A temprana edad alimentan su mente mediante los sentidos, por eso tocan, lamen, muerden, huelen, escuchan y observan todo.

Los niños aprenden a través del movimiento (cinestésicamente)

Al moverse en el espacio de distintas maneras, los niños recogen datos sobre el mundo y sobre sí mismos. A través de sus manos aprenden los pequeños detalles de las cosas y perfeccionan sus conceptos mentales sobre las relaciones entre los objetos. Aprenden conceptos matemáticos moviéndose, dejando caer, lanzando, comparando, emparejando, secuenciando, etc. Es importante dejarles explorar y jugar libremente, y evitar que se queden sentados o quietos o anonadados con la tecnología demasiado tiempo. Cuando tu hijo de un año tira la cuchara al suelo mientras come, y se la devuelves cada vez, está experimentando y aprendiendo sobre las distancias y la gravedad; está siendo un minicientífico probando qué pasa cuando lo tira de esta o aquella manera. No te está tomando el pelo, al menos al principio, hasta que lo convierte en un juego social que pone a prueba los límites.

LOS NIÑOS APRENDEN POR INFERENCIA Y GENERALIZANDO

Los niños abstraen gradualmente la información obtenida de experiencias concretas para crear conceptos generales. Mediante el método de ensayo y error, y equivocándose, aprenden sobre la causa y el efecto y utilizan estos datos para extrapolar y generalizar, creando un mapa del funcionamiento del mundo. Aprenden expresando nuevas ideas de formas únicas, a veces extrañas. Aprenden combinando conceptos de forma creativa y adivinando las consecuencias. Al darse cuenta de la diferencia entre sólidos y líquidos, mi hijo preguntó perplejo: «¿Qué es la miel? Es como agua gorda», y supuso que debía de ser una clase de «pegamento». Utilizó observaciones y experiencias previas para clasificar el mundo que le rodeaba y, poco a poco, afinar sus conocimientos.

LOS NIÑOS APRENDEN MEJOR CUANDO ESTÁN RELAJADOS Y SE SIENTEN SEGUROS

El ambiente emocional es importantísimo para potenciar el crecimiento y la maduración. Las emociones de tu hijo influyen en su receptividad al aprendizaje. Las investigaciones han demostrado que un exceso de hormonas del estrés, como el cortisol, impide la actividad de la corteza frontal del cerebro que, como hemos visto, interviene en la regulación de los pensamientos, las emociones, la planificación y el aprendizaje. Aprende mejor cuando está relajado, porque puede concentrar su atención y no distraerse. Si a tu hijo le preocupa su seguridad (física o psicológica), estará alerta y distraído por su hipervigilancia, lo que le restará capacidad para aprender y concentrarse. Aprender es naturalmente agradable para los niños. Es un arte no obstaculizar ese disfrute. Ponerles exámenes escolares determinantes a los tres años es preocupante porque puede aumentar su nivel de estrés y alterar su aprendizaje.[6]

LOS NIÑOS APRENDEN EN COMUNIDAD, INTERACTUANDO CON LA GENTE

Tu hijo empieza a aprender el lenguaje desde el primer momento en que oye tu voz en el vientre, con cada palabra que tú y otras personas pronuncian. Presta atención a todo

6 Se ha descubierto que cuando a los profesores se les exige que sus alumnos saquen buenas calificaciones en los exámenes son más controladores en sus estrategias de enseñanza, y acaban teniendo alumnos con peores resultados (tanto en las evaluaciones como a largo plazo) que los profesores a los que se les da el mandato de facilitar el aprendizaje de los alumnos sin tanta presión (Flink *et al.*, 1990).

lo que dices y a todo lo que haces y cómo lo haces, para imitarlo más tarde. Aprende a adaptarse a su comunidad, a ser sociable y gregario, descubriendo los límites sociales y cómo sus acciones afectan a los demás. Solo puede aprender esto a través de interacciones concretas, viendo y sintiendo cómo se relacionan las personas entre sí.

Los seres humanos y otros primates tenemos unas neuronas específicas llamadas «neuronas espejo» que, al observar las acciones de otros, simulan la misma actividad cerebral como si fuéramos los agentes de esas acciones o estuviéramos pasando por esas experiencias (Rizzolatti *et al.*, 2019). Sabemos que cuando vemos a alguien comer una fruta salivamos como si la estuviéramos comiendo nosotros. Por eso los primates aprenden tan rápido a utilizar herramientas a partir de la observación; esta acción es una actividad importante para el aprendizaje de tu hijo. Respeta sus momentos de observación.

EN RESUMEN

Los seres humanos estamos hechos para aprender de forma activa, no pasiva. Tu hijo aprenderá mucho mejor moviéndose, haciendo y hablando que sentado, siendo instruido verbalmente, quieto y en silencio. Si respetas su espontaneidad es más probable que pueda aprender de la forma que le resulte más eficaz. Si permites que el desarrollo natural de tu hijo florezca sin obstáculos ni restricciones, el resultado será palpable. Darse cuenta de lo diferente que piensan los niños y aceptarlo puede ayudarte a confiar y a defender todas las formas en las que tu hijo busca interactuar con el mundo. Aprende a adaptar tus métodos a las múltiples formas de su aprendizaje.

MI COMPORTAMIENTO ES UN LENGUAJE

> Dime cómo se comporta tu hijo y yo te diré hasta qué punto su entorno satisface sus necesidades.
>
> **Nati Beltrán y Pilar Enrich**

El comportamiento de tu hijo es una forma de comunicación. Si prestas atención puedes aprender a leer entre líneas y reunir información valiosa para apoyarle y evitar batallas, ya que tu hijo siempre luchará por desarrollarse. Las causas de su conducta suelen estar relacionadas con dos cosas: (1) el nivel de madurez de su cuerpo y de su cerebro y (2) el grado en que se están satisfaciendo sus necesidades. Ser capaz de identificar las necesidades y tendencias de tu hijo puede ayudarte a entender qué le mueve y cómo apoyarle, sobre todo en momentos en los que sus acciones pueden parecer molestas o extrañas. Aprender a detectar y fomentar sus tendencias naturales puede ser la diferencia entre la armonía y el conflicto constante.

EL COMPORTAMIENTO ESTÁ LIMITADO POR LA MADUREZ CEREBRAL Y CORPORAL

Las acciones y reacciones de los niños son un reflejo de la maduración de su cerebro y están limitadas por ella. Desgraciadamente, su desarrollo cerebral no es visible a simple vista, por lo que es fácil confundirse. No vienen con un indicador que muestre visualmente si son capaces de hacer o gestionar algo o no. Lo único que se puede hacer es deducir su nivel de madurez indirectamente, a través de su comportamiento y sus manifestaciones emocionales. Si tu hijo no tiene la fuerza ni la destreza para poder abrir un frasco se frustrará, y lo expresará de alguna manera poco agradable. Cuando madure su cerebro y su cuerpo, y sea capaz de superar el reto, se sentirá bien y su conducta lo mostrará también.

La capacidad de tu hijo para hacer lo que él desea o lo que tú le pides está limitada por el grado en que puede controlar su cuerpo y su mente. Como hemos visto, tu hijo está en pleno proceso de maduración, lo que implica que tiene una capacidad limitada para dirigir su cuerpo, pensar con lógica y dominar sus emociones y reacciones instintivas. Después de ser un ente totalmente dependiente de ti, empieza a descubrirse a sí mismo y a desarrollar su fuerza de voluntad. Va descubriendo que tiene elección, irá probando y tomando los pasos que le permitan crear las bases para independizarse como persona. Por eso a veces opta por decir «no». No te tomes su comportamiento de manera personal, no te está queriendo hacer rabiar. En general, su conducta no es aleatoria ni caprichosa; está siguiendo su plan biológico.

EL COMPORTAMIENTO SURGE DE NECESIDADES Y TENDENCIAS UNIVERSALES

Garantizar que tu hijo pueda satisfacer sus necesidades fundamentales es absolutamente vital porque influye en las conexiones de su cerebro, en el curso de su desarrollo y, por lo tanto, en la persona en la que se convertirá. Tu hijo no puede hacerlo solo. Desde que nace, y durante mucho tiempo después, depende de ti para que le ayudes a satisfacer la mayoría de sus necesidades hasta que pueda valerse por sí mismo.

El verdadero origen del descontento y el «mal comportamiento» de un niño suele estar en la insatisfacción de sus necesidades, no en su mal carácter. Los niños siempre lucharán por su satisfacción porque es esencial para su desarrollo. Si sus motivaciones vitales están crónicamente insatisfechas, pueden producirse graves desequilibrios a distintos niveles (físico, intelectual, emocional y social). En casos extremos, pueden llegar a frenar el progreso de tu hijo. Por ello es esencial que aprendas a «leer» las necesidades de su comportamiento.

Las necesidades son de muchos tipos, pero todas son importantes

Todas las acciones humanas surgen de motivaciones internas, a menudo llamadas «necesidades». Querer a un bebé es mucho más que cambiarle el pañal, alimentarlo y mantenerlo sano. Aunque sus necesidades físicas son más fáciles de detectar, tu hijo tiene muchas necesidades psicológicas silenciosas a las que hay que prestar atención. Estas son motivaciones universales que ayudan a los seres humanos a sobrevivir y, más allá de esto, también a prosperar. Los investigadores han clasificado recientemente las necesidades psicológicas en tres categorías generales: vínculo (conexión, relacionarse), independencia (autonomía, identidad propia) y dominio (aprendizaje).

Necesidades físicas: comida, descanso, aire, agua, calor, comodidad, salud.

Necesidades psicológicas: vínculo, independencia y dominio.

- **Vínculo.** La necesidad de establecer una relación afectiva puede manifestarse cuando tu hijo busca el contacto físico cariñoso, que le tomen en brazos, le hablen, le miren, le sonrían, que interactúen, se relacionen y se comuniquen con él.
- **Independencia.** Se manifiesta en la insistencia de tu hijo en hacerlo todo por sí mismo. Necesita sentir que es libre de elegir, pensar y expresar su voluntad, y que es un agente activo en su propia vida. Necesita sentir que es una persona individual y desarrollar un sentimiento de identidad propia.
- **Dominio.** La necesidad de control o perfeccionamiento se traduce en la tendencia de tu hijo a repetir y participar en una actividad hasta que la aprenda por completo. Necesita sentir que poco a poco puede aprender, que se vuelve más competente y que entiende mejor el mundo.

Tu hijo actúa de manera impulsiva y predecible para cubrir sus necesidades

Tu hijo está construido de una manera muy inteligente. Siente fuertes impulsos procedentes de su interior que le llevan a buscar las experiencias que le proporcionarán las habilidades y los conocimientos para satisfacer sus necesidades de supervivencia y bienestar. Estos impulsos conducen a acciones predecibles que se observan en los niños universalmente. Niños en Manila, Bogotá, el Sahara o Alaska caminan sobre rayas para mejorar su equilibrio: muestran una inclinación a repetir muchas veces una habilidad nueva hasta cubrir su necesidad de dominarla. Estos impulsos son el mecanismo innato para garantizar que se satisfagan sus necesidades de desarrollo (como perfeccionar el equilibrio para poder caminar, saltar, bailar, etc.). Tu hijo mostrará tendencias específicas a actuar de una determinada manera con el objetivo de satisfacer sus necesidades.

Estas tendencias de hacer ciertas cosas o hacerlas de cierta manera no son caprichos irracionales que se «deban» corregir, sino guías naturales de desarrollo que deben ser apoyadas. Son inclinaciones biológicas universales que hay que respetar. Montessori las llamó «tendencias humanas» siguiendo la costumbre de los psicólogos de su época, y pueden ser una muy buena guía para que leas el comportamiento de tu hijo y sepas qué apoyar y qué acciones limitar. En la tabla 1 de la página 74 encontrarás una lista de las tendencias humanas que observarás en tu hijo. Por ejemplo, para entender su comportamiento debes comprender y tener presente lo que requiere o está buscando conseguir; todas sus acciones son intentos de satisfacer necesidades.

Si no se ha alterado el proceso natural (con castigos o premios), la mayoría de las actividades espontáneas de tu hijo cubren necesidades de su desarrollo y, por lo tanto, deben fomentarse. Están lejos de ser caprichos fortuitos u obstinaciones. Muchas frustraciones y comportamientos no deseados tienen su origen en la imposibilidad de que no puede realizar o completar actividades hacia las cuales siente un fuerte impulso. Simplemente está siguiendo su instinto, sus tendencias biológicas innatas que le guían para progresar.

Por ejemplo, desde que nace, tu hijo busca el contacto humano de quienes le rodean, especialmente contigo. Se fija mucho en la cara y la voz humana. Su tendencia a ser gregario y a comunicarse le ayuda a pertenecer a un grupo y, por lo tanto, a sobrevivir en una etapa de vulnerabilidad extrema.

Identificar las emociones te ayuda a leer las necesidades de tu hijo

Las emociones de tu hijo son una especie de termómetro que mide hasta qué punto las situaciones satisfacen sus necesidades. Son señales, como las luces intermitentes del tablero del automóvil que indican que algo pasa. Las emociones son fundamentales para el desarrollo de tu hijo porque son un lenguaje que te muestra lo que necesita. Puedes aprender a leerlas a partir de sus comportamientos externos y ayudarle a encontrar una mejor acción para encaminarlo en su desarrollo. Ignorarlas, minimizarlas o suprimirlas solo causa problemas. Si fomentas que conozca, regule y comunique sus emociones, le ayudas a adquirir una habilidad imprescindible para toda la vida.

Cuando tu hijo satisface sus necesidades siente emociones agradables y muestra su mejor lado siendo cooperativo, generoso y curioso. Avanza, se siente en equilibrio y tiende a aflorar su mejor naturaleza y la convivencia es armoniosa. De lo contrario, cuando encuentra obstáculos para satisfacer sus necesidades se siente descontento y su comportamiento no es el ideal. Es importante recordar que la comunicación de tu hijo es inmadura y que su conducta es su mejor intento de mostrarte que requiere un cambio. Por ejemplo, cuando tu hijo está repitiendo una acción y se le interrumpe, se mostrará molesto; te está comunicando que necesita repetir para aprender. Cuando aprendas a leer sus motivaciones a partir de sus comportamientos y acciones externas podrás ayudarlo a encontrar el mejor camino para colmarlas y no tomarte las cosas como algo personal ni como una deficiencia del niño. Sus emociones mejorarán de facto.

CUANDO PERCIBES QUE SU PROGRESO NO VA POR DONDE TENDRÍA QUE IR

Cuando el desarrollo se ve entorpecido por obstáculos externos o internos, tu hijo se adapta para sobrevivir y rescatar sus necesidades de desarrollo sea como sea. Si nadie le deja agarrar la cuchara para comer solo, luchará por conseguirla o cerrará la boca. Para proteger y avanzar en su independencia, aprendizaje o socializar, lo verás reaccionar de diferentes modos, ya sea luchando, retrayéndose y reprimiéndose o, en casos extremos, paralizándose. La conexión humana y la autonomía son especialmente importantes para los niños, y observarás un cambio de conducta si tu hijo no recibe suficiente atención o se siente excesivamente controlado. Estas desviaciones de la normalidad pueden manifestarse como comportamientos no deseados repetidos si persisten las circunstancias desfavorables: rabietas, peleas, mordiscos, colgarse de los adultos con insistencia, falta de participación o concentración, etc. Estas conductas son hábitos que surgen para compensar sus necesidades no satisfechas de forma crónica y no son «normales».

Intuitivamente tendrás la sensación de que algo no va bien. Por desgracia, muchas veces la gente ve estos síntomas como rasgos de personalidad innatos problemáticos o como un comportamiento normal de la infancia. No suele ser ni lo uno ni lo otro. En cuanto las condiciones ambientales y las interacciones con los adultos mejoran en dirección de la satisfacción de necesidades, los niños vuelven a su trayectoria natural y normal de desarrollo y su conducta se normaliza.

Tabla 1.
Necesidades básicas que el niño busca satisfacer (tendencias humanas)

María Montessori fue una pionera hace 150 años, ya que se dio cuenta de que las tendencias y las necesidades son una guía útil para criar y educar a los niños. La psicología moderna ha seguido avanzando en este campo, y verás que los dos conceptos se sobreponen. La diferenciación entre tendencia y necesidad no es lo importante. Piensa que tu hijo tiene la tendencia a repetir para cubrir su necesidad de aprendizaje. Lo importante es tomar en cuenta ambas.

NECESIDADES FÍSICAS*

Son las básicas y más obvias y hay que cubrirlas primero. A veces es suficiente para que el niño se calme.

ALIMENTO	MOVIMIENTO	CONTACTO	LA NATURALEZA
CONFORT	SEGURIDAD	DESCANSO	SALUD

NECESIDADES PSICOLÓGICAS

Las necesidades psicológicas son más difíciles de detectar y suelen ser divididas en tres categorías (así está organizada la Sección III e ilustrada con ejemplos prácticos).

DOMINIO/ APRENDIZAJE	**VÍNCULO/ INTEGRACIÓN SOCIAL**	**INDEPENDENCIA/ AUTONOMÍA**
CLARIDAD	CERCANÍA	ESTABILIDAD
EXPLORACIÓN	CONEXIÓN	LIBERTAD
JUEGO	ARMONÍA	ELECCIÓN
ESTÍMULO	COMUNICACIÓN	AUTENTICIDAD
FLEXIBILIDAD	SER VISTO	EXPRESIÓN
ORDEN	ACEPTACIÓN	PRIVACIDAD
DESARROLLO	RESPETO	INTEGRIDAD
LOGRO	CONTRIBUCIÓN	AGENCIA
INSPIRACIÓN	COLABORACIÓN	PROPÓSITO

TENDENCIAS HUMANAS
(María Montessori)

MOVERSE	RELACIONARSE	REPETIR	ORDENAR
TRABAJAR/JUGAR	ADAPTARSE	EXACTITUD	CLASIFICAR
INDEPENDENCIA	COMUNICARSE	PERFECCIONAR	CALCULAR
EXPLORAR	SOCIALIZAR	IMITAR	ABSTRAER
ORIENTARSE		CONTROLARSE	IMAGINAR
		CONCENTRARSE	CREAR

* Fuente de las secciones de Necesidades: Nati Beltrán, Cath Burke y Tracy Seed (adaptación del trabajo del psicólogo Marshall Rosenberg). Esta lista de necesidades está basada en la psicología moderna (Marshall Rosenberg, quien se inspiró de Maslow y Neef).

CUANDO LO NORMAL NO ES NORMAL

Hay ocasiones en que la conducta de los niños muestra un problema serio, en particular de maltrato. Entrevistamos al prestigioso neuropsiquiatra Bruce Perry sobre cómo pueden los padres proteger a sus hijos del maltrato infantil. Advierte que los signos de maltrato en niños pequeños suelen ser muy sutiles y que es realmente difícil saber si se está produciendo. Esto se debe a que los niños tienden a disociarse, y «el componente conductual de una respuesta disociativa es el deseo de pasar desapercibido, ser invisible y obediente». Esto quiere decir que tu hijo tenderá a «esconderse emocionalmente». El Dr. Perry señaló que, a menudo, un niño que está siendo abusado o maltratado hará uno o dos intentos de explorar el terreno para saber cómo reaccionan los padres o cuidadores diciendo cosas como «no me gusta el abuelo» o «no me dejes solo con la niñera» o «no quiero ir a casa de fulanito».

Debes tener las antenas levantadas y, sobre todo, creerle a tu hijo aunque suene inverosímil, o lo que te cuenta rompa tu esquema mental, familiar o social. Es especialmente importante que no dejes que las jerarquías sociales te lleven a no tomar en serio a tu hijo. La mayoría de los adultos descartaríamos estos comentarios rápidamente y nos lanzaríamos a corregir al niño para que sea cortés, sobre todo porque en la mayoría de los casos se trata de alguien que los padres conocen bien y en quien confían: «Ah, pero si es tan simpático». Estas reacciones aplastan la iniciativa de sincerarse del niño y desestiman sus sentimientos. Esta respuesta lo confundirá, y es casi seguro que se sentirá avergonzado, confuso e impotente. La consecuencia de estas actitudes es que el 80 % de los niños que sufren abusos nunca los denuncian, y que el 50 % nunca los reconocen, ni siquiera hacia sí mismos, ya que los recuerdos se reprimen y permanecen inconscientes.

El camino a seguir para proteger a tu hijo es construir una relación sólida y aprender a leer sus señales sutiles. Aumenta tu empatía y capacítate para ser capaz de sobrellevar las emociones difíciles que acompañan las conversaciones complicadas, y para permitir que el niño se exprese abiertamente mientras tú lo escuchas con curiosidad y aceptación, poniendo de lado las jerarquías sociales que pueden implicar abuso de poder. Si haces esto desde que tu hijo es muy pequeño, habrás creado una relación de confianza y es mucho más probable que detectes cuando hay algo raro o inusual en tu hijo. Como dice el Dr. Perry: «El mejor barómetro del maltrato infantil es un cambio en el vaivén de la relación con los padres». Crear una relación fuerte es como un salvavidas.

Hay tres cosas sencillas que puedes hacer para proteger a tu hijo de los malos tratos. En primer lugar, el Dr. Perry cree que no es natural dejar a los niños en compañía de un solo adulto; tradicionalmente suelen estar presentes varios adultos de la comunidad. Tristemente, la persona que abusa es un familiar o una persona de confianza, pero es imperativo que te pongas del lado de tu hijo y lo protejas. En segundo lugar, recomienda cultivar un diálogo abierto y una relación sólida desde el principio, esto es lo más protector. En tercer lugar, propone cultivar un alto nivel de conciencia y gestión emocionales en situaciones incómodas, así podrás ser empático y valorar la opinión del niño y su experiencia. No tengas prejuicios y no dudes en llevar a tu hijo a un psicólogo si lo crees conveniente.

EN RESUMEN

No te dejes confundir por el comportamiento de tu hijo, no es más que la manifestación externa de sus capacidades actuales y su proceso interno que le llevan a cubrir sus necesidades de supervivencia y desarrollo. Utiliza su conducta para leer lo que necesita y redirigir sus acciones o modificar su entorno para que pueda seguir avanzando. Confía en sus tendencias naturales e instintivas y sé paciente. Observar su crecimiento es similar a vigilar un pastel en el horno: tienes que esperar sin abrir la puerta, mientras te mantienes alerta y compruebas que todo va bien.

Si nuestro objetivo es ayudar a nuestros hijos a alcanzar su potencial óptimo, debemos aprender a identificar y a seguir las tendencias naturales e instintivas del niño. Las tendencias humanas son «una predisposición a pensar, actuar o proceder de una manera determinada» para cubrir nuestras necesidades, y son el resultado de nuestra estructura biológica.

SECCIÓN II
CÓMO FUNCIONO TE DICE LO QUE TIENES QUE HACER. ALINEA TUS MÉTODOS CON MI BIOLOGÍA

La clave para relajarte como padre es sentirte seguro de que tus métodos producirán los mejores resultados para tu hijo. Respetar y seguir el patrón innato de su desarrollo tiene grandes beneficios no solo para su cerebro, sino también para tu paz mental y armonía. Como está explicado en la Sección I, tu hijo está programado para continuar su plan interno de desarrollo, que se ha ido perfeccionando a lo largo de años de evolución. Si pudiera hablar, te diría: «Confía en mí, déjame hacerlo yo, dame tiempo». Ten paciencia, su desarrollo no se puede forzar. Tu papel es similar al de un jardinero que prepara la tierra, planta la semilla y la cuida. Sabemos que es la propia semilla la que hace el trabajo de crecer siguiendo sus instrucciones biológicas internas. El jardinero espera pacientemente la aparición de la planta, y nunca intentaría estirar el tallo para ayudarla a crecer porque sabe que la dañaría. Es tu hijo quien hace el trabajo, tú le ayudas creando las condiciones favorables.

El método general que te proponemos seguir es sencillo y sintetiza el sistema Montessori:

1. Comprende las **necesidades** de desarrollo de tu hijo (Sección I)

2. Prepara un **entorno** rico y seguro para atenderlas, cuidando tanto sus aspectos **físicos** como **humanos**. Muy importantes, y fáciles de olvidar, son los aspectos **intangibles** que rodean al niño, como tu mentalidad y tus actitudes.

3. Deja que tu hijo interactúe **libremente** con el entorno. Después de preparar bien el ambiente, puedes confiar en que sus impulsos evolutivos lo van a guiar en su avance y maduración.

4. **Observa** su actividad espontánea en este entorno preparado, recolectando información como si fueras un científico. Estos datos te servirán de guía para saber cómo apoyarle, ya sea cambiando algo del entorno o interviniendo.

5. **Intervén** únicamente cuando sea necesario:

    a. **Calibra tu ayuda**. Apoya directamente, teniendo en cuenta participar lo menos posible. Asiste a tu hijo en todos los ámbitos: en retos *físicos* e *intelectuales* —enseñarle cómo abrocharse un abrigo—, en aspectos *sociales* —relacionarse con respeto— y en su *regulación emocional* —cuando se frustra o abruma con un reto.

    b. **Establece límites**. Piensa de antemano cuáles son los tuyos y fíjalos con claridad y coherencia para ayudar a tu hijo a comprender las normas sociales e integrarse en la sociedad. Si improvisas los límites acabarás con contradicciones y batallas interminables.

6. **Salvaguarda** ciertos elementos que no son evidentes a simple vista. Los niños están biológicamente equipados para aprender y adquirir ciertas habilidades que solo están en potencia al principio como el autocontrol, la autodisciplina y la motivación. Como pequeñas llamas, si no se cuidan, se pueden apagar y estas habilidades no se consiguen. Para cuidar la llama, tu cometido es relativamente sencillo. Protege tres factores que maximizan el desarrollo natural: cuida sus **elecciones espontáneas**, su **comunicación libre** y su **concentración profunda**.

El ciclo general que te proponemos es sencillo y fácil de aplicar. En la Sección III te ofrecemos muchas situaciones prácticas con ejemplos e ideas de la vida cotidiana.

CUIDA MIS NECESIDADES

> Comprender las necesidades del niño y atenderlas para que su vida se desarrolle plenamente, ese es el objetivo que subyace a mi método.
>
> **María Montessori**
>
> (Montessori, 2017, p. 7)

Un único principio impregna todo el enfoque Montessori: atender las necesidades del niño. Como hemos visto, el crecimiento y desarrollo sano de tu hijo dependen en parte de tu capacidad para identificar y ayudar a satisfacer esas necesidades desde que nace hasta que se convierte en un adulto autónomo, inteligente y bien adaptado. Todo ser humano tiene necesidades, y su satisfacción es esencial para sobrevivir y vivir bien. No tener suficiente contacto humano afectuoso, por ejemplo, puede acarrear problemas de salud mental y posiblemente hasta poner en peligro su vida. Aún más, en los primeros años, las necesidades de los niños también son esenciales para el desarrollo de su cerebro, por lo que tu apoyo es crucial. El niño alcanza el desarrollo cerebral interactuando con el entorno que tú preparas en función de las mismas. Tu misión es adaptar las actividades que tiene a su disposición a lo que necesita en este momento. Cuando sus necesidades no se satisfacen de forma crónica en los primeros años, pueden producirse graves desequilibrios a distintos niveles (físico, intelectual, emocional y social), algunos de los cuales duran toda la vida. Lo bueno es que pequeñas modificaciones en cómo actúas y en su entorno pueden apoyarle de manera profunda y duradera.

DETECTA LA NECESIDAD

Piensa que eres un detective: aprende a reconocer qué actividades satisfacen sus necesidades físicas, cognitivas y socioemocionales, y fomentan el aprendizaje y la experimentación. Esto viene dictado por su genética y sus periodos sensibles. Aunque tu hijo no siempre pueda comunicarse con palabras, puedes «leerlo» a partir de su comportamiento. Observa con neutralidad qué hace y qué mira. Imagina lo que siente y trata de descifrar por qué.

Detectar las necesidades puede ayudarte a predecir y comprender su comportamiento para que puedas apoyarle mejor. Empieza por adivinar y descartar las más básicas y después podrás afinar (diagrama 3).

Necesidades físicas básicas	**Necesidades psicológicas básicas**
Comida	Vínculo / relacionarse
Sueño	Independencia / autonomía
Seguridad	Dominio / perfeccionamiento
Contacto humano	

Por ejemplo, si empieza a lanzar los juguetes que tiene cerca, fíjate si está frustrado porque no puede hacerlo como quiere (dominio) o porque quiere que le prestes atención (vínculo) o porque su hermano mayor lo está haciendo por él (independencia). Puede que el origen sea físico y esté demasiado cansado (descanso). Igualmente, suele suceder que sea una mezcla de varios factores (descanso y cariño a la vez).

LOS DESEOS SON DIFERENTES DE LAS NECESIDADES

Para poder distinguir caprichos de necesidades hay que enfocarse. Cuando tu hijo te pida algo (por ejemplo un helado), no te distraigas y busca lo que realmente necesita detrás de la petición. Puede que tengas una mejor idea de cómo satisfacerlo. Aprende a distinguir entre una necesidad y una solución reconfortante inmediata superficial. Si las confundes, puede ser el principio de un círculo vicioso en el que le das a tu hijo todo lo que instantáneamente quiere y, sin saberlo, lo estarás entrenando para que te manipule.[7]

Los «deseos» son anhelos y no son esenciales; tu hijo puede sobrevivir y prosperar sin ellos. Ciertamente, harán que se sienta mejor momentáneamente, pero no abordarán la necesidad profunda. Con la experiencia, empezarás a distinguir las necesidades reales de los caprichos reactivos, que son manifestaciones de su intento de satisfacer sus impulsos evolutivos de la mejor manera que sabe. Aprende a modificar el entorno o tu enfoque para ayudarle adecuadamente. Verás que desaparecen signos externos como el lloriqueo, la

7 Marshall Rosenberg, fundador de la «Comunicación Noviolenta», describe la diferencia entre una necesidad y las estrategias (soluciones) que las satisfacen (Rosenberg, 2003).

timidez o, incluso, la agresividad. No le ofrezcas un juguete nuevo o comida cuando lo que realmente requiere es presencia y conexión. Dedícale tiempo de calidad. Evita ofrecer soluciones materiales a las necesidades emocionales porque se pueden crear trastornos a largo plazo, como problemas psicológicos en relación con la comida.

GUÍATE POR LAS NECESIDADES DE TU HIJO

Una vez detectada la necesidad, ajusta el entorno o tu enfoque para poder satisfacerla mejor. Siempre hay varias formas o estrategias para hacerlo. Tu hijo no estará satisfecho hasta que la acción se corresponda con la necesidad. El conocimiento de los periodos sensibles y de las tendencias humanas te puede ayudar mucho. Asegúrate de que la solución logre un equilibrio entre sus necesidades y las de los demás, ya que son igual de importantes.

Una vez que entiendas porqué tu hijo lanza los juguetes, la solución será muy distinta según la necesidad que le llevó a hacerlo. Si necesita *descanso*, ofrécele una actividad tranquila o una siesta. Si necesita *dominio*, enséñale un truco para resolver la dificultad actual, de modo que pueda avanzar. Si necesita *vínculo*, permítele tener toda tu atención (pueden guardar los juguetes juntos). Si necesita *independencia* mientras que el hermano necesita *conexión*, puedes respetar su trabajo independiente con los juguetes haciendo una actividad diferente con el hermano.

APRENDE EL LENGUAJE DEL COMPORTAMIENTO Y LAS EMOCIONES

Recuerda que el comportamiento de un niño es el resultado de cómo se siente, lo que a su vez depende de cuán bien estén cubiertas sus necesidades.[8] Es un lenguaje que se aprende a leer. Observa las acciones y muestras de emoción de tu hijo como meras señales, no te las tomes como algo personal. Cuando tu hijo experimenta emociones intensas e incómodas, intenta sentirse mejor de la mejor manera que sabe. Recurre a su limitada experiencia y busca lo que lo ha reconfortado en el pasado o lo que le resulta instintivo. Puede que haya asociado el recibir un regalo, jugar con un juguete o comer golosinas a sentirse mejor, y puede que insista o exija estas cosas para tranquilizarse. No sabe que la satisfacción será temporal, pero al anticiparla, se activa el sistema de recompensa de dopamina de su cerebro y prevé la sensación de alivio o satisfacción. Sin embargo, la verdadera causa de su malestar suele ser distinta del deseo superficial. Es mejor que descubras la causa real porque esto le ayudará a regular sus emociones, en lugar de ponerle un parche momentáneo.

Evita identificar a tu hijo con su comportamiento; piensa que solo se está expresando con herramientas limitadas. Cuando comprendas las verdaderas motivaciones que hay detrás de lo que hace, descubrirás que, por lo general, tiene buenas intenciones y razones sólidas para su conducta. Es probable que tu hijo no esté desperdiciando comida intencionadamente cuando vierte el cereal sobre la planta. Acaba de darse cuenta de que la planta es un

8 Marshal Rosenberg propone este sistema sencillo de la relación entre la necesidad y la emoción.

ser vivo y piensa que debe necesitar comida. Tu hijo no es innatamente pesado, rebelde o difícil. Evita etiquetarle cuando actúe de forma molesta o perjudicial y enfócate en descubrir lo que necesita de raíz. Empezará a ser más pacífico cuando sus necesidades crónicamente insatisfechas empiecen a estar cubiertas.

LA SOLUCIÓN RADICA EN LA NECESIDAD

No te quedes con la expresión emocional o la rabieta. Las emociones son como un termómetro que mide las necesidades; son dinámicas y cambian. No te confundas: céntrate en la motivación, no en la emoción. Atender la causa profunda (atención/descanso) aporta la solución que aplaca las emociones. Por ejemplo, las lágrimas son un mecanismo natural para regular el estrés interno y liberar toxinas. No trates de evitar que tu hijo llore, abrázalo y ayúdale a identificar las necesidades insatisfechas que lo hacen llorar. Así comprenderá el origen de sus emociones.

CUANDO NO PUEDAS SATISFACER LAS NECESIDADES DE TU HIJO ESCUCHA Y EMPATIZA

A veces es imposible satisfacer una necesidad —identificada o no— de la manera adecuada o en el momento exacto en que a tu hijo le gustaría. Empatiza con él cuando esto ocurra. Sé cariñoso y comprensivo. Permite que exprese sus sentimientos. Es importante que aprenda a vivir con necesidades insatisfechas y a tranquilizarse compartiendo sus sentimientos. Si su mejor amigo se traslada a otro país o su mascota fallece, tiene que aceptar los hechos y recibir apoyo mientras vive el sentimiento de pérdida. No minimices sus emociones distrayéndole. Está adquiriendo resiliencia y reforzando una habilidad que requerirá en el futuro para afrontar situaciones amargas.

EN RESUMEN

Para ayudar al desarrollo de tu hijo debes aprender a leer el lenguaje de sus necesidades a través de su comportamiento. Una vez detectadas, utiliza ese conocimiento para crear un entorno que se adapte a ellas. Que tu hijo tenga impulsos innatos y tendencias humanas, esenciales para su desarrollo, no significa que debas dejarle hacer todo lo que quiera. En general, sus necesidades pueden satisfacerse de varias maneras. Puedes ayudarle a encontrar una alternativa si lo que hace no es lo ideal o lo perjudica para integrarse adecuadamente en la sociedad.

CUIDA MI ENTORNO

Como hemos visto, el cerebro de tu hijo se forma en función de sus experiencias. Su desarrollo se verá directamente afectado por los elementos que encuentre o deje de encontrar en su entorno. Por lo tanto, tu principal tarea consiste en crear un ambiente que favorezca sus mecanismos naturales de aprendizaje.

Tu hijo necesita un entorno físico que le proporcione los estímulos adecuados para satisfacer las experiencias específicas que su cerebro busca en diferentes momentos. Como especie altamente social, nuestro cerebro ha evolucionado para moldearse no solo a partir del entorno físico, sino también de los encuentros humanos. Al igual que todos los sentidos de tu hijo necesitan ejercitarse mediante la experimentación directa con lo que encuentra a su alrededor para conectar cada función sensorial, su cerebro también requiere elementos sociales como el lenguaje y las interacciones con personas para madurar los circuitos neuronales sociales y de lenguaje.

Piensa en el entorno físico como todos los espacios en los que estará y su contenido. En cuanto al entorno humano, este se compone de las personas con las que tu hijo entra en contacto y de elementos intangibles como su mentalidad, y la forma en que interactúan con él. Por encima de todo, requiere un ambiente humano positivo en el que se sienta seguro, libre, confiado y querido. Como hemos visto, esto no solo le ayuda a desarrollar una psique sana, sino que también influye en el desarrollo de su cerebro y, por tanto, de su cognición.

No dejes el desarrollo de tu hijo al azar. Crea proactivamente las condiciones para que florezca. La mejor forma de apoyarle es concentrarse en dos cosas: preparar su entorno y prepararte tú. Sé proactivo, infórmate, pregunta y elige lo más beneficioso para él, independientemente de lo que se haga habitualmente a tu alrededor.

CUIDA MI ENTORNO FÍSICO: CREA UN MUNDO EN MINIATURA A MI ALCANCE

> El primer objetivo del entorno preparado es, en la medida de lo posible, hacer que el niño crezca independiente del adulto. Es decir, es un lugar en el que puede hacer cosas por sí mismo, vivir su propia vida sin la ayuda inmediata de los adultos... [Es] un lugar en el que los niños deben ser cada vez más activos y los [adultos] cada vez más pasivos. Es un lugar donde el niño dirige cada vez más su propia vida; y al hacerlo, toma conciencia de sus propios poderes.
>
> **Edwin. M. Standing**
> (Standing, 1998, p. 267)

A medida que los niños interactúan con su entorno cambian, aprenden y maduran. Cuanto más adaptado esté el entorno a sus necesidades de desarrollo, más armoniosamente podrán crecer. Tu objetivo es crear un territorio en el que tu hijo pueda explorar libremente, creando una versión proporcionada del mundo real al alcance de sus manos.

Cuando acondicionas este ambiente estás preparando el nido en el que se desarrollará. Su entorno físico es su maestro. Preparar el entorno físico de tu hijo tomando en cuenta sus necesidades e intereses actuales es una de las cosas más impactantes que puedes hacer por él.

Cómo decidir qué poner en el entorno

Los niños querrán interactuar directamente con objetos tangibles, ya que aprenden a través de sus sentidos. El entorno debe ser rico y suministrar lo que sus impulsos internos buscan. Por lo tanto, el entorno debe evolucionar con ellos para ofrecerles el tipo y la cantidad de retos adecuados en cada etapa.

Cuando pienses en qué actividades proporcionar, ten en cuenta que a tu hijo le atraerá afinar las siguientes capacidades en los primeros siete años con base en sus periodos sensibles. Requiere de estímulos suficientes para moverse, pensar y actuar con inteligencia.

— **Coordinación de movimientos** (finos y gruesos)

— **Independencia práctica** (autonomía al ir al baño, vestirse, valerse por sí mismo, prepararse comida)

— **Perfeccionamiento de todos los sentidos** (vista, oído, olfato, gusto, tacto, propiocepción)

— **Funciones cognitivas** (autocontrol, atención y concentración, memoria, resolución de problemas, razonamiento, planificación)

— **Adquisición y perfeccionamiento del lenguaje** (oral y escrito)

— **Habilidades sociales** (relacionarse, aprender normas sociales, modales aceptables)

Características de un entorno bien preparado

Como médico, María Montessori descubrió a partir de sus observaciones clínicas las características más impactantes del entorno de un niño para fomentar un desarrollo saludable en todas las áreas. Se dio cuenta de que las columnas vertebrales de los niños crecían deformadas al estar sentados en pupitres de tamaño adulto por largas horas. Por ejemplo, fue la primera persona en proponer la importancia de un mobiliario ergonómico que correspondiera a «su necesidad de actuar inteligentemente, como mesas que fueran tan ligeras que dos niños de cuatro años pudieran transportarlas fácilmente» (Montessori, 2007b, pp. 51–52). Cuida estos aspectos al preparar o modificar el ambiente y sus materiales.

1. **Seguro.** Confirma que no hay peligros que amenacen su vida o su salud. Una vez establecida la seguridad, se puede dar libertad y estar tranquilo de que los errores no serán peligrosos, sino una fuente valiosa de aprendizaje.
2. **Ordenado**. Cada cosa en su sitio y un sitio para cada cosa. Un entorno ordenado produce una sensación de previsibilidad, relajación y seguridad. El orden ayuda a los niños a orientarse, a tener claridad mental y a empezar a entender las clasificaciones. Además, fomenta la responsabilidad y el respeto por su entorno, ya que ellos pueden dejar las cosas ordenadas independientemente.
3. **Proporcionado.** Ofrece objetos a medida, con dimensiones y proporciones adaptadas a la anatomía del niño. Así favoreces la coordinación y la precisión de los movimientos, el éxito en las tareas, el sentimiento

de satisfacción y la sensación inconsciente de que ocupan un lugar en la comunidad.

4. **Accesible.** Coloca los objetos pensando en el niño: en un lugar consistente para que pueda encontrarlos, y accesible para que los pueda alcanzar y utilizar libremente. Esto apoya la libertad de elección, la independencia, la voluntad y la responsabilidad.
5. **Adaptado a su capacidad.** Ofrece el nivel adecuado de desafío modificando las actividades a medida que mejoren sus habilidades. Esto favorece la curiosidad, la repetición, la concentración, el éxito y la autoestima, y evita la frustración.
6. **Simple.** Elimina todo lo superfluo. La sencillez facilita la toma de decisiones y la concentración. Pocos elementos hacen que el proceso de elección sea menos abrumador.
7. **Estético.** Los niños absorben la estética y aprecian la belleza. Al colocar objetos bellos y delicados, infundes cuidado del entorno. Así se favorecen la curiosidad, la inspiración, la apreciación estética, el cuidado y el amor por el entorno.
8. **Real.** Proporciona objetos reales para fines reales. Los adultos suelen pensar que los niños necesitan objetos irrompibles, pero es todo lo contrario. Los niños obtienen información valiosísima manipulando objetos frágiles. Así se fomenta el control del movimiento, la comprensión del mundo (causa-efecto) y la responsabilidad al descubrir las consecuencias naturales (por ejemplo cuando un vaso se cae y se rompe).
9. **Funcional.** Asegúrate de que las herramientas funcionan correctamente y sean adecuadas para el niño;

de esta manera, serán más seguras y fiables. Esto permite alcanzar el éxito y mantener su interés. El niño puede no darse cuenta de que es el utensilio el que no funciona y, cuando no consigue realizar la tarea con éxito, asume que él es el que está haciendo algo mal.

10. **Completo.** Comprueba que cada actividad contiene todos los elementos para completar con éxito la tarea. Esto favorece la repetición, el perfeccionamiento, el orden mental y la sensación de término y éxito y, por tanto, aumenta la confianza.

11. **Autocorrectivo.** Siempre que sea posible consigue materiales autocorrectivos para que el niño descubra sus propios errores, como muñecas rusas anidables de madera. María Montessori llamó a esto «control del error». Con el tiempo, aprenden a corregirlos por sí mismos. Favorece el no tener miedo a cometer equivocaciones, la confianza en sí mismos y la resolución de problemas.

12. **Dinámico.** Construye un entorno que se adapte a la evolución de tu hijo, acorde con sus intereses actuales y adaptado a su nivel de habilidad. También adáptalo a las estaciones, fiestas de tu cultura, eventos locales, etc. Esto proporciona novedad y emoción, fomenta su curiosidad y lo mantiene motivado.

13. **Edad mixta.** Intenta integrarlo con personas de distintas edades en toda la comunidad. Estos encuentros ricos y variados potencian el aprendizaje, el sentido de pertenencia, el intercambio de conocimientos y habilidades, el deseo de ayudar y contribuir a la sociedad, así como tomar conciencia de sus capacidades.

IMAGÍNATE UN DÍA ENTERO EN LA VIDA DE TU HIJO

Tómate un momento cuando estés relajado para hacer una sencilla visualización: imagina que eres tu hijo y ubícate en su entorno. Piensa en las dificultades que encuentra desde que amanece hasta que anochece, identifica qué cosas están demasiado altas o no se ajustan a sus proporciones. Ponte en su lugar y entiende lo que siente al tener su talla y su intelecto, e imagina cómo es su día a día.

Este ejercicio te dará una idea realista de los retos a los que se enfrenta cotidianamente y de cómo transformar los espacios para que sean seguros, emocionantes y fáciles de usar. Tu hijo gravitará a tu alrededor, así que prepara microambientes en cada habitación para que pueda participar en actividades que tengan un propósito real. Esto, por sí solo, te liberará mucho tiempo, ya que se entretendrá en su propia actividad. Para saber qué actividades tienen sentido y le resultan atractivas, piensa en las tres necesidades básicas: independencia, dominio y vínculo. Sobre todo, asegúrate de preparar el entorno para que pueda hacer cosas por sí mismo.

Primero, hay que pensar en la seguridad de cada espacio y, después, en posibilitar sus necesidades básicas de desarrollo. Algunas cuestiones generales sobre seguridad aplicables a todos los espacios son las siguientes:

— ¿Están los artículos tóxicos y peligrosos en los estantes superiores o bajo llave?

— ¿Me puedo quemar con luces, cerillas o agua caliente?

— ¿Están los espejos y muebles anclados a las paredes?

— ¿Puedo meter los dedos en los enchufes?

— ¿Puedo ahogarme (piscinas y estanques), ser aplastado o caerme desde una gran altura?

Piensa en todos los espacios mientras vas de un lado a otro, imaginando que tienes el tamaño y la capacidad de tu hijo:

1. Todos los espacios interiores (baño, cocina, salón, comedor, dormitorio, escaleras).
2. Los espacios exteriores (terrazas, estanques, jardines, piscinas).
3. El contenido (muebles adecuados, entrada con percheros alcanzables, cuadros y espejos a la altura de los ojos, selección consciente de juguetes y actividades, objetos que puedan romperse, taburetes para lavabos e inodoros).
4. ¿Tengo a mi disposición material y utensilios para limpiar y reparar mis errores (como cuando se me cae algo)?

En el dormitorio

— ¿Puedo alcanzar y guardar mi propia ropa (ganchos bajos, perchas, cajones, estanterías)?

— ¿Puedo mantener el orden del armario o de los cajones yo solo (unos pocos de cada artículo, organizados visualmente)?

— ¿Puedo acostarme y levantarme de la cama sin ayuda?

En el baño

— ¿Puedo llegar fácilmente al lavabo y al inodoro?

— ¿Puedo lavarme las manos completamente solo (pequeño dispensador de jabón, taburete, toalla)?

— ¿Puedo ir al baño solo (taburete, ropa suelta, adaptador de inodoro para niños)?

— ¿Puedo verme en el espejo y cepillarme el pelo y los dientes?

En la cocina

— ¿Tengo acceso a los cubiertos, platos y utensilios básicos que utilizo con más frecuencia (en estantería baja, cajón o carrito)?

— ¿Puedo alimentarme con un simple tentempié?

— ¿Puedo prepararme una bebida (agua siempre accesible, leche y jugo en el estante bajo del refrigerador en recipientes pequeños)?

— ¿Puedo limpiar mi propia vajilla (taburete, cubo con agua, jabón, esponja, trapo)?

En el salón

— ¿Hay alguna estantería con actividades que pueda hacer (por ejemplo, cestas nido o un tablero de ajedrez)?

— ¿Hay una silla y una mesa accesibles donde pueda dibujar o armar un rompecabezas?

En el pasillo

— ¿Tengo a mano los zapatos, el abrigo, el gorro o sombrero y los guantes? ¿Están los ganchos a mi altura?

En el jardín/al aire libre

— ¿Hay un recipiente pequeño para que pueda regar las plantas yo solo?

— ¿Me han enseñado a identificar y sacar las malas hierbas y dónde colocar las plantas arrancadas?

Fuera de casa

— ¿Tengo ocupaciones o materiales que me interesen cuando viajo, en un restaurante, en la sala de espera de un médico?

— ¿Tengo actividades alternativas al teléfono o la tableta electrónica para relacionarme con otras personas como juegos, tarjetas o que me cuenten cuentos?

Más ideas sobre preparar un entorno estimulante en: www.micerebrosoloseconstruyeunavez.com

CUIDA EL ENTORNO HUMANO: PREPÁRATE

Si fracasas en prepararte, te estás preparando para fracasar.

Benjamin Franklin

No solo eres el creador del entorno de tu hijo, sino también parte integral de él. Tu hijo absorbe todo lo que haces, tu forma de moverte y hablar, de vestir y de tratarlo a él y a los demás. Su cerebro utiliza estas interacciones para formarse. Para contribuir a su desarrollo tienes que adquirir o mejorar ciertas habilidades como no interferir, no juzgar o ser moralista, aprender a ser menos reactivo y volver rápidamente a la calma, y mucho más. Criar a un niño sano requiere que crezcamos nosotros mismos. Cuando el entorno físico cambia, lo que queda eres tú, tus actitudes y modo de pensar: es como si fueras el entorno portátil del niño. Con creatividad y una mentalidad centrada en él, puedes adaptarte y proporcionarle un entorno temporal lo suficientemente atractivo en el autobús, la consulta del médico o el restaurante.

Pensar en las cuatro áreas siguientes puede ayudarte a centrar tus esfuerzos en desarrollar las aptitudes que requieres para ser el padre que deseas física, intelectual, emocional y socialmente.

Preparación física

Tu hijo imita tu comportamiento, si no ahora, con el tiempo.

Philippa Perry
(Perry, 2019, p. 169)

— **Cuídate.** Tienes que cuidarte bien para poder cuidar bien a tu hijo. Es natural tener la tendencia de sacrificar todo por él, pero lograr un equilibrio es básico. Asegúrate de comer sano, dormir lo suficiente, hacer ejercicio y tener momentos diarios de descanso y recarga de energía. Tómate momentos para hacer algo gratificante. Es parecido a las indicaciones de seguridad que te dan en un avión: primero tienes que ponerte la mascarilla tú para poder ayudar a tu hijo después. No te olvides de ti y de tus necesidades, él te necesita fuerte y contento.

- **Toma conciencia de cómo miras, hablas y actúas.** Le enseñas a tu hijo por el mero hecho de ser tú mismo. Observa hasta el más mínimo detalle cómo eres, cómo es tu apariencia y cómo te comportas. Procura moverte con precisión y cuidado. Utiliza un tono de voz tranquilo, claro y neutro. Cuida tu forma de vestir, tu higiene, tus modales. Cuida lo que dices y lo que dejas de decir, tus gestos faciales y cómo expresas tus pensamientos y peticiones. Lo absorberá todo y te imitará.

Preparación intelectual

Si queremos educar al individuo, debemos tener un conocimiento preciso y directo de él.

María Montessori
(Montessori, 2007c, p. 31)

- **Infórmate sobre el desarrollo de tu hijo.** Cuanto más sepas, menos te costará apoyar el camino de su crecimiento. Aprende a entender sus necesidades y a traducirlas en actividades en el entorno que lo satisfagan. Familiarízate con sus periodos sensibles, su mente absorbente que aún no es racional, sus tendencias humanas, el porqué de sus acciones, etc. Sigue consultando la Sección I para afinar tu comprensión del niño.
- **Cuida tu mentalidad.** Esta te sigue a todas partes e impregna el entorno, afecta tu forma de actuar y de hablar. Requiere de mucha perspicacia ser objetivo con uno mismo y darse cuenta de cómo nuestra manera de pensar afecta nuestras acciones. Hay

dos mentalidades útiles (que ampliamos más adelante). En primer lugar, centrarse en lo positivo. En segundo lugar, ser capaz de ver la mejor versión de tu hijo, independientemente de cómo se muestre en ese momento. Para poder tener esta forma de pensar tienes que entrenarte y confiar en su plan de desarrollo.

Preparación emocional

> [El adulto] debe librarse del orgullo y la ira. Debe aprender a ser humilde y desarraigar los prejuicios que acechan en [su] corazón.
>
> **María Montessori**
> (Montessori, 1996, p. 153)

— **Cultiva el autocontrol emocional.** Aprende a reconocer tus emociones y a recuperar el equilibrio. No te dejes llevar por los reflejos automáticos emocionales. Entrénate para mantener la calma y pensar antes de reaccionar. Cuando tu hijo le pega a su hermana es normal que sientas rabia o una intensa frustración. Cuando tus emociones son intensas, tu razonamiento se ve afectado y puedes arrepentirte de lo que haces o dices. Si validas tus propias emociones te calmarás más rápido y serás más eficaz. Evita proyectar tus emociones en tu hijo diciéndole cosas como «Me haces sentir...».[9]

— **Elige cómo reaccionar.** Entrénate para seleccionar tus palabras, acciones y maneras de pensar. Acostúmbrate

9 Recomendamos explorar el sistema *Comunicación Noviolenta* para aprender habilidades emocionales y empatía (www.natibeltran.com).

a calmarte primero, respirando y tomándote una minipausa, para así poder elegir conscientemente cuál será tu siguiente palabra o acción. Con la práctica puedes alargar el espacio entre el estímulo que te altera y tu respuesta. Así cada vez tus respuestas se volverán más adecuadas y compasivas. Expresar tus observaciones objetivas, sin juzgar, es muy efectivo y te ahorrará muchos disgustos. Controlar las emociones fuertes y decidir cómo responder requiere práctica y fuerza de voluntad, pero ayudará enormemente a tu hijo a prosperar.

— **Practica ser más empático.** La empatía te ayuda a entender el mundo de tu hijo y a conectar con él. Ponte en su lugar, entiende su limitada capacidad física, su pensamiento y comprensión del mundo incipientes. Practica escucharlo sin ignorarlo. Estás sentando los precedentes de cómo te hablará él a ti y cómo se relacionará contigo en el futuro. Esto se convertirá en una forma duradera de interactuar.

Preparación social

La forma en que nos situamos en relación con los demás puede dar lugar a relaciones verticales u horizontales. Las relaciones verticales son aquellas en las que existe un desequilibrio de poder. Las relaciones horizontales son aquellas en las que tratamos a los demás como [personas] capaces. Intentar avanzar hacia unas relaciones más horizontales en lugar de verticales nos permitirá asumir más responsabilidades. También nos lleva a pensar que no tenemos que complacer a los demás todo el tiempo.

Ichiro Kishimi & Fumitake Koga
(Kishimi & Koga, 2018, p. 124)

— **Relaciónate con tu hijo con respeto y compasión.** Respeta a tu hijo como a cualquier adulto y colabora con él, confiando en que tiene recursos internos. Elige ser humilde y no abusar de tu poder, solo usa tu autoridad para orientarle. En la mayoría de las ocasiones, una relación sólida y de confianza lo motivará a ser más responsable y a tomar decisiones acertadas, y no necesitarás usar el poder en absoluto. Recuerda que relacionarse con calidez y cariño también fomenta el desarrollo cognitivo.

— **Representas a la sociedad y el orden social.** Tu hijo aprende a ser ciudadano según lo que ve en las personas que lo rodean. El sistema de valores que adopta es el tuyo y el de tu familia. Necesita límites y normas claras que lo guíen para comportarse de forma respetuosa: piensa de antemano tus límites para que puedas ser claro y coherente. Tiene que entender la seguridad y cómo convivir con los demás. Por encima de todo, predica con el ejemplo.

— **Busca apoyo en tu comunidad.** Intentar ser un padre/madre perfecto/a no te convertirá en un héroe, sino que te agotará. Aunque quisieras, es imposible que puedas hacerlo todo. Reconoce cuando requieres apoyo ya que tu hijo necesita que estés fuerte, sano y feliz. Como se suele decir: «Hace falta un pueblo para criar a un niño». Los primeros años estarás agotado. Aprende a pedir ayuda. No solo es saludable para tu hijo estar con otras personas afectuosas mientras recargas tus energías, es una necesidad vital de desarrollo tener experiencias sociales variadas.

— **Evita hacer cosas solamente porque otros padres las hacen.** Cuestiona los preceptos culturales. Prioriza las necesidades de tu hijo y no te adhieras ciegamente a la tradición. Analiza tus preconcepciones sobre el desarrollo del niño y las prácticas de crianza y educación. Elige lo que sea mejor para tu hijo y tu familia.

CUIDA EL ENTORNO INTANGIBLE: ELIGE TU MENTALIDAD

Encuéntrame un «sí» y guarda tu «no»

> Las restricciones constantes crean frustraciones constantes porque van en contra de la naturaleza humana. Los seres humanos nacemos con impulsos imparables de libertad y autonomía, de movernos y explorar, de ser curiosos y creativos. No apagues estos impulsos; encuentra maneras de fomentarlos.
>
> **Pilar Enrich y Nati Beltrán**

Adopta una «actitud de sí» y «entorno de sí» para que la mayoría de las cosas que tu hijo quiera hacer sean aceptables y posibles. Cambia tu enfoque hacia lo que *es posible* y lo que *sí permites*, preservando al mismo tiempo la seguridad y los límites sociales. Si tu lenguaje es mayoritariamente afirmativo, es más probable que acepte tus consejos y habrá más armonía entre ambos.

La forma de decir las cosas o de formular las peticiones influye mucho en que el niño acepte o rechace el contenido. Deja las restricciones, los límites o los «no» para los pocos casos en que sean imprescindibles. Tendrán más impacto.

Debería haber muy pocos «no» en tus interacciones, para que esta palabra mantenga el gran poder de parar en seco a tu hijo. Cuando se abusa de ella, el niño se acostumbra y la palabra pierde su fuerza. Déjala exclusivamente para situaciones en las que sea estrictamente necesaria, y cuando tengas que pronunciarla no te sientas culpable, ya que tu hijo lo requiere e inconscientemente se siente cuidado, querido y protegido.

Entender cómo funciona el cerebro al crear una negación puede ayudarte a elegir cómo expresar tus límites. Prueba este ejercicio propuesto por el lingüista cognitivo George Lakoff (Lakoff, 2016): no pienses en un elefante rosa. ¿Qué te ha venido a la mente? Lo más probable es que hayas visualizado un elefante rosa. Como explica Lakoff, los cerebros humanos parecen procesar primero el concepto de la cosa o acción mencionada, y solo después añaden la negación. Debido al inmaduro autocontrol de tu hijo, actuará según lo que le venga a su mente inmediatamente después de que digas algo, y probablemente seguirá la instrucción sin la negación, porque esta tarda más en ser generada por su cerebro. Por eso, a menudo acaba haciendo exactamente lo que has dicho que no haga. Puedes decir: «No te levantes» y automáticamente se levanta. Todos sabemos lo que pasa cuando decimos a un niño: «No te caigas». Por el contrario, cuando utilizas un lenguaje afirmativo este sirve como una orden para que su cerebro prepare su siguiente acción. Prueba a decir: «Quédate sentado» (en lugar de «No te levantes»).

Tu hijo no puede evitar seguir sus impulsos de explorar e interactuar con el mundo. Evita el «no» automático pensando en positivo: ayuda a tu hijo a encontrar otra forma de reorientar su comportamiento hacia algo que le permita progresar y aprender, ya sea cambiando el entorno o con una actividad diferente. A menudo querrá imitarte en la cocina, así que búscale un cajón o una estantería y coloca ahí sus propios utensilios de cocina para que pueda manipularlos y sentir que participa. Los niños frecuentemente experimentan cada «no» como una barrera para satisfacer sus motivaciones internas y, cuando las restricciones son omnipresentes, su iniciativa puede verse mermada. Además, a esta edad es natural que tu hijo tenga una visión del mundo centrado en sí mismo y es fácil que interprete tus negaciones como un rechazo hacia él cuando abusas de ellas.

Intenta

✓ **Intenta expresarte con un lenguaje positivo o afirmativo.** Cuando guíes a tu hijo hazle saber cuándo, dónde y cómo puede actuar, en afirmativo. Sé creativo y dale la vuelta a la frase para expresar lo que *puede* hacer (una acción o una nueva forma de realizarla). Termina con la costumbre tan extendida de constantemente decir y controlar lo que no puede hacer.

➔ Cuando tu hijo corra dentro de casa dile: «Vamos a caminar». Esto es más eficaz que decirle: «No corras» porque lo que se le queda grabado es, probablemente, «corre».

✓ **Intenta ofrecerle opciones para elegir mejor.** Identifica qué necesidad intenta satisfacer con el comportamiento que no te está gustando. Redirígelo hacia uno positivo e intencionado que implique la misma energía o satisfaga la misma necesidad, pero de un modo más respetuoso. Fomenta su libertad para elegir y actuar ofreciéndole un par de opciones. Encuentra un «sí», sugiriendo otro lugar, otro momento o haciendo algo parecido de otra manera.

➔ Cuando estés en el supermercado y tu hijo se niegue a caminar porque se aburre comprando, ponle un reto. Dile: «Vamos a imaginar que cuando pisamos las líneas del suelo nuestros zapatos desaparecen...». Una vez que su cuerpo y su mente estén ocupados en una actividad dirigida hacia la consecución de una meta que le estimule, el problema estará resuelto.

Evita

- ✘ **Evita insistir en lo negativo.** Puede que te resulte más fácil enfocarte en lo que no funciona o en sus errores y señalarlos. Sin embargo, es más útil para él que te centres en lo que hace bien y lo guíes para que mejore. En otro momento, cuando esté con mejor disposición, enséñale de nuevo cómo hacerlo. Cuida tu actitud y aprende a ver lo que funciona y a tener una energía generalmente positiva.

  ➔ En lugar de decirle: «Otra vez tienes toda la ropa en el suelo», haz que tu hijo participe en recogerla. «Ven, vamos a doblar la ropa». Cosas tan sencillas como emparejar sus calcetines o abrir y cerrar un cajón con cuidado son buenos y atractivos retos para él.

- ✘ **Evita subrayar lo negativo.** No insistas en lo que no te gusta o no funciona. Detecta las situaciones recurrentes y busca soluciones alternativas que se ajusten a sus intereses actuales y a las habilidades que busca perfeccionar, adaptándolo a lo que te parece adecuado o aceptable.

➔ Evita decirle una y otra vez que deje de agarrar las hojas de la planta. Enséñale, en cambio, a concentrarse en las hojas y a limpiar cuidadosamente cada una de ellas con un pañuelo de papel o un algodón húmedo. Indirectamente, estará aprendiendo a cuidar a los seres vivos.

× **Evita pasar al modo de prohibición o control.** Si estás ansioso o estresado, puedes acabar diciendo o haciendo cosas de las que te arrepientas, como amenazar o gritar. Cálmate primero y después reorienta a tu hijo de forma positiva. Evita las exageraciones o los ultimátums. Evita utilizar «nunca» y «siempre». Los extremos son difíciles porque tu hijo puede encontrar fácilmente un contraejemplo y perderás credibilidad.

➔ Si tu hijo no para de gritar mientras están de visita, evita las amenazas poco realistas. No digas: «Si sigues gritando no volveré a traerte conmigo». Sé sensato y asegúrate de que puedes ser coherente con tus palabras: no digas cosas que no puedas cumplir porque erosiona la confianza. Mejor di: «Vamos a hablar bajito; con los gritos me duelen los oídos».

Trátame como mi mejor versión

Está claro que tenemos un deber social hacia este hombre futuro, este hombre que existe como una silueta alrededor del niño, un deber hacia este hombre del mañana. Quizás un gran líder futuro o un gran genio esté con nosotros y su poder vendrá del poder del niño que es hoy. Esta es la visión que debemos tener.

María Montessori
(Montessori, 2012, p. 137)

La forma en que ves a tu hijo y las palabras que utilizas para describirlo tienen un impacto poderoso y duradero en el desarrollo de su voz interior y de su personalidad. Él confía en ti y está predispuesto a creerte y a adoptar tus puntos de vista. Cuando sienta que confías en él, estará a la altura de tus expectativas y se moldeará en consecuencia. Por el contrario, si pierdes de vista su potencial, esto se transmitirá a través de tu actitud, tus expresiones faciales y tu lenguaje. De este modo, tus pensamientos y palabras tienen el poder de convertirse en la ruta que tu hijo siga. Debemos ser conscientes de la actitud que proyectamos; es como si lo programaras poniéndole un *chip* en la cabeza.

Su desarrollo es un proceso largo y casi siempre oculto. No puedes forzarlo; requiere paciencia y confianza de tu parte. Si se comporta de un modo que parece desviarse de un camino positivo (por ejemplo, cuando muerde a otro niño) es porque le falta madurez o autocontrol en algún aspecto. No te inquietes, confía en su desarrollo y guíale para que tome una mejor decisión o arregle el problema que ha causado. Confía en que su «mejor yo futuro» aún está por aparecer. Por lo general, el problema no está en el niño, sino en el entorno, en tu enfoque o en la actividad. Una vez tomado todo esto en cuenta y ajustado, su comportamiento tiende a normalizarse y empiezan a aparecer sus rasgos positivos.

Cuando tu hijo no tiene ninguna duda de que confías en él, no necesita defenderse, luchar ni demostrar nada. Estás creando las condiciones en las que su cerebro descansa en modo seguro y, por lo tanto, es más probable que muestre su mejor naturaleza. Cooperará porque se siente visto, comprendido, apoyado y porque confías en él. Cuando crees en él, aprende a creer en sí mismo.

Intenta

- ✓ **Intenta visualizar a tu hijo como su mejor versión**. Habla e interactúa con la persona que tu hijo puede llegar a ser, y apóyale para que avance, independientemente de su comportamiento actual. Confía en que puede mejorar y demuéstralo con tus acciones y palabras. Pon límites cuando sea necesario, pero recuerda que es una cuestión de maduración y que en el futuro tomará mejores decisiones.

    - ➔ Si tu hijo se resiste a compartir no lo taches de tacaño, ni siquiera en tu cabeza. Piensa más bien que está evolucionando y que disfrutará compartiendo a medida que madure. El egocentrismo y la protección de las cosas propias son tendencias naturales a esta edad y forman parte de su sana evolución. Háblale confiando en que tiene la capacidad de compartir y se volverá generoso, aunque ahora no pueda hacerlo.

- ✓ **Intenta revisar el entorno cuando no te guste su comportamiento.** Si tu hijo muestra frustración o una conducta que no te agrada, como quejarse o lloriquear con regularidad, revisa primero el ambiente.

A menudo, cuando lo rectificas para que tenga lo que necesita, su proceder se normaliza.

➔ Si tu hijo suele tener rabietas por las mañanas, puede ser porque la caja de cereal está fuera de su alcance y eso lo haga depender de ti. Colócala en un estante más bajo, donde le resulte fácil alcanzarla y cerciórate de que la pueda abrir.

✓ **Intenta mostrarle cómo mejorar.** Mientras lo reorientas, tu actitud es esencial. Sé positivo y confía en que, si le das una oportunidad, actuará mejor. Ajusta tus expectativas a su madurez y sugiérele algo en lo que pueda tener éxito.

➔ Si falta un trozo de chocolate y tu hijo tiene chocolate por toda la cara, facilítale la confesión y será sincero. Habla con calma y expresa los hechos (no tus juicios): «Tienes chocolate alrededor de los labios». Luego explícale por qué no es buena idea comer chocolate ahora. Culparle no sirve para resolver el problema y erosiona la calidad de tu relación. Aprovecha la oportunidad para establecer buenos hábitos de comunicación que faciliten decir la verdad y lo disuadan de mentir (normalmente se miente por miedo).

EVITA

✗ **Evita caer en la trampa de la negatividad.** No lo critiques como persona. No te centres en lo negativo y en sus errores. Si tienes que dar tu opinión, comparte una simple observación; de lo contrario, corre el riesgo de sentirse definido por una etiqueta rígida e, incluso, podría adoptarla porque tú sentaste el precedente.

- ➔ Cuando hablas de tu hijo con tu hermana evita juzgarle y etiquetarle con palabras como «travieso», «vago» o «desorganizado». Es posible que se lo crea y adopte ese comportamiento regularmente.

- ✘ **Evita vincular a tu hijo a expectativas externas.** Ajusta tu visión a lo que es posible para él en particular. Ten cuidado de no caer en ideas preconcebidas sobre lo que logrará o no. Deja que se mida con sus propias posibilidades y evita compararle con los demás. Subestimarle puede frenar su crecimiento, pero el otro extremo tampoco es sano y, si tienes expectativas demasiado altas, puede sentir una carga.

  - ➔ Si esperas que tu hijo sea el mejor en todo estás creando una meta inalcanzable. Inevitablemente te decepcionará y se frustrará. En lugar de eso, descubre sus puntos fuertes y foméntalos.

EN RESUMEN

Si preparas bien el entorno la mayor parte de tu trabajo estará hecho. Entonces, puedes dar libertad a tu hijo para que interactúe con él y confiar en que avanzará por su camino ideal. Cualquier esfuerzo que hagas para mejorar el ambiente, de modo que puedan satisfacerse mejor sus necesidades de desarrollo, redundará en una mayor armonía.

Recuerda que hay dos aspectos en el entorno: el físico y el humano. Un entorno físico bien preparado contiene elementos que cubren bien las necesidades que busca satisfacer el niño y, por lo tanto, evita muchas dificultades, círculos viciosos y dinámicas complicadas. De no ser así, el niño luchará constantemente hasta encontrar lo que requiere para desarrollarse. Pequeños cambios en su entorno pueden aportar grandes soluciones.

Preparar el entorno humano requiere que te prepares tú, cuidando y creciendo en tu apariencia física y comportamiento, tu propia regulación emocional, tu aprendizaje y tus relaciones sociales. Criar un hijo es una oportunidad formidable para seguir evolucionando como persona. Ser padre o madre es probablemente lo más difícil que harás en tu vida. Tú también estás refinando tus funciones ejecutivas como el autocontrol. Sé paciente contigo mismo en tu aprendizaje mientras mejoras en el control de tus pensamientos, emociones y reacciones. Cuanto más preparado estés, menos agotador y más satisfactorio te resultará ser padre.

Por último, debes cuidar aspectos del entorno que no se ven, como tu mentalidad y tu actitud, ya que tienen un efecto muy fuerte en lo que dices y haces y afectan directamente a tu hijo. Los resultados serán notables si te enfocas en adquirir dos nuevas maneras de pensar: resaltar lo que sí puede hacer tu hijo y visualizarlo como su mejor versión en potencia.

— Cuando tu hijo crece en un entorno positivo, con muchos más «sí» que «no», responde mejor. El «no» es una palabra muy potente, ya que define los límites de su comportamiento. No abuses de ella. Céntrate en lo que funciona y elige un lenguaje que valide y no culpe. Fomenta una actitud positiva y crea un entorno que le permita estar activo sin necesidad de límites. Te ganarás su confianza y crearás armonía. Tu actitud y tu lenguaje influyen mucho en el comportamiento de tu hijo y en su percepción de ti y de sí mismo.

— La imagen mental que tienes de tu hijo se proyecta en su mente e influye en la trayectoria que sigue. Es como si le pusieras delante una alfombra hacia el resultado que imaginas. Cuando lo tratas como si la mejor versión de sí mismo fuera ya realidad o fuera inminente, es más probable que ajuste su comportamiento y crezca libremente en esa dirección. Montessori se inspiró en las sabias palabras del ilustre Johann Wolfgang von Goethe: «Trata a las personas como si fueran lo que deben ser, y las ayudarás a convertirse en lo que son capaces de llegar a ser».

No dejes el entorno de tu hijo al azar y ofrécele el mejor comienzo en la vida.

CUIDA MI LIBERTAD

> Solo a través de la libertad y la experiencia con el ambiente es factible el desarrollo humano.
>
> **María Montessori**
> (Montessori, 2007a, p. 81)

El desarrollo de tu hijo está ligado a su libertad. Una vez que te asegures de que has preparado un entorno seguro y estimulante, puedes dejarlo elegir y desenvolverse libremente. Asegúrate de que el espacio creado permita que se mueva a su libre albedrío para que así pueda seguir sus impulsos e intereses. Esto maximiza su desarrollo cerebral. Su objetivo final es alcanzar la independencia y poder ser un humano autónomo que piensa y actúa por sí mismo. Al principio, sin embargo, está atrapado en un cuerpo y una mente inmaduros y dependerá de los adultos durante mucho tiempo. Hay una evolución gradual hacia el perfeccionamiento de las capacidades y la adquisición de la independencia. Esto solo puede ocurrir cuando tiene libertad para elegir, moverse, descansar, hablar y hacer las actividades que son ideales para él en ese momento de su vida.

Desde que nacen, los niños requieren de libertad dentro de sus posibilidades. A medida que sus capacidades aumentan, también debe hacerlo su libertad. No se trata de dejarlos hacer lo que quieran, cuando quieran. Lo que tu hijo necesita de ti es que te asegures de que tiene un grado de libertad acorde con lo que puede manejar y de lo que pueda responsabilizarse. Si no está preparado para asumir una responsabilidad específica, entonces no lo está para ese grado de libertad. La forma más eficaz de apoyarle es ajustar su entorno para que se adapte a sus capacidades y le permita llevarlas a cabo con seguridad y responsablemente. A medida que sus habilidades evolucionan en distintas áreas, se hará más independiente y estará listo para adoptar más libertad, y a la vez asumir las consecuencias.

Cuando tu hijo lucha por la libertad, está literalmente peleando por su desarrollo. Crea un entorno adecuado para él en el que pueda moverse y actuar totalmente libre (esto solo puede suceder cuando es seguro). La libertad es la piedra angular para que desarrolle el autocontrol de sus movimientos, de su comportamiento y de su cognición, y a partir de estos logrará alcanzar la autodisciplina en el futuro.

Intenta

✓ **Intenta dar solo la libertad que pueda manejar.** Cuando el entorno es seguro puedes confiar y dejarlo actuar libremente, observando y ajustando el nivel de desafío. Intenta aumentar la libertad gradualmente a medida que mejoran sus habilidades. La práctica es el único camino hacia la perfección.

➔ Tu hijo puede aprender a cortar de forma segura desde pequeño. Enséñale a utilizar cuchillos de verdad que sean seguros para su habilidad. Primero, puede practicar cortando plátanos con un cuchillo sin filo como el que se usa para la mantequilla, luego fresas y, por último, mitades de manzana boca abajo con un cuchillo más afilado sobre una superficie estable. Observa cómo corta y ajusta los utensilios según lo requiera para su éxito y seguridad.

✓ **Intenta ayudar a que se responsabilice de su libertad.** Deja que experimente las consecuencias naturales y guíalo para que afronte las situaciones difíciles. Ten paciencia, está en proceso de crecimiento: recuerda que la mayoría de las veces sus torpezas, disgustos o comportamientos desagradables no son resultado de descuidos o falta de atención, sino de una incapacidad temporal.

➔ Cuando tu hijo rompe algo no es conveniente sustituirlo enseguida. Para él es útil saber esperar hasta que puedas conseguir uno nuevo. A medida que experimenta las consecuencias de sus actos aprende a ser más cuidadoso con sus movimientos.

Evita

✗ **Evita sobreprotegerlo.** Necesita exponerse paulatinamente a pequeños riesgos. Sobreprotegerlo es contraproducente, ya que le quitas experiencias útiles para medir riesgos y manejar su seguridad. Es un instinto natural querer protegerlo de los peligros, y puede resultar desalentador dejarlo experimentar, pero es la mejor forma de aprender.

➔ Deja que se suba a los árboles en el parque, y, dentro de lo razonable, permítele moverse libremente. Así puede medir su propia capacidad y los riesgos que conlleva. Si siempre lo subes tú al árbol y después lo bajas, le quitas la oportunidad de calcular sus movimientos y de adquirir experiencias sobre sus capacidades y limitaciones. Evita crear una dependencia innecesaria.

- ✘ **Evita pensar que no es competente.** Hay veces en las que puede manejar mucha más libertad de la que crees. No des por sentado que no puede hacer algo o que es demasiado pequeño, débil o tímido. Cree en él y apóyalo para que avance y tenga éxito.

  ➔ Evita el hábito de subir y bajar las escaleras siempre con él en brazos. Es más seguro si le permites que intente subir uno o dos escalones y bajar dando tumbos mientras lo observas. Adquiere una vivencia de que las escaleras tienen cierto riesgo. Paulatinamente, irá encontrando una forma segura de hacerlo por sí mismo y aprenderá a medir sus movimientos.

EN RESUMEN

La libertad es esencial para el desarrollo óptimo de tu hijo. Sorprendentemente, cuanta más tenga, más disciplinado será, menos tendrás que guiarlo directamente y más dominio de sí mismo desarrollará. Encuentra el punto óptimo y dale tanta libertad como pueda asumir dentro de un entorno seguro.

OBSÉRVAME

> ¿Y qué debemos hacer? Nada.
>
> Nos hemos esforzado por conseguirle las cosas que necesita. Ahora debemos aprender a hacernos cargo de nosotros mismos y observar desde la barrera, siguiéndole a distancia, ¡sin cansarlo con nuestra intervención ni abandonarlo! Siempre está tranquilo y es autosuficiente mientras está ocupado en algo que es muy importante para él. ¿Qué nos queda por hacer aparte de observar?
>
> **María Montessori**
> (Montessori, 1978, p. 4)

Como hemos visto, el primer ingrediente del método es preparar un entorno que permita la actividad natural y la manifestación espontánea del plan innato de desarrollo de los niños. El segundo, es dejar al niño libre en ese ambiente, para que pueda interactuar con él. El tercero es observar su actividad natural como un científico que espera descubrir un resultado inesperado. Esta observación clínica, no contaminada con ideas preconcebidas, es un procedimiento muy activo de adquisición de datos sin interferir en el proceso. El último ingrediente es interpretar los datos a la luz de las necesidades del niño y decidir cómo actuar para apoyarle. Es un método continuo de observación y ajuste (del entorno y de tus intervenciones). María Montessori llamó a su método pedagogía científica y, un siglo después, ha resistido la prueba del tiempo, ya que lo ideó basándose en sus observaciones de la actividad libre de los niños y deduciendo sus necesidades naturales y universales (Montessori, 2007c, p. 23).

OBSERVA SIN ENTROMETERTE

Es algo natural para todos los padres mirar a sus hijos mientras los cuidan, pero pocos observan con atención y neutralidad. Entrénate para observar con la curiosidad de un científico que escudriña un nuevo organismo en un microscopio que se mueve en una placa de Petri. Hazlo con discreción, sin molestar en absoluto; haciendo anotaciones internas. Como en un experimento, cada vez que añades o quitas un elemento en la interacción, el resultado cambia. El entorno y tus intervenciones tienen un efecto poderoso. La buena noticia es que, a menudo, cambiando una cosa puedes obtener mejores resultados. Aquí es donde reside tu poder.

Aprende a observar a la vez que separas mentalmente los hechos de tus pensamientos al respecto (tu percepción, tus opiniones, tus juicios). Esto te permitirá no intervenir cuando no se requiera y controlar mejor tus acciones y reacciones. Ten cuidado con tus interpretaciones y etiquetas, ya que afectan tu forma de reaccionar y, por lo tanto, a tu hijo. Acostúmbrate a ver las cosas con neutralidad y deja de lado tus juicios.

EN QUÉ FIJARSE

Detecta los matices, los detalles de lo que tu hijo elige, lo que hace, cómo lo hace, dónde se traba, qué domina ya y hace con facilidad, con qué se frustra, cómo surge de las actividades que ha elegido frente a las que tú sugieres, etc. Por ejemplo, cuando lo veas recogiendo conchas en la playa y jugando con ellas, amplía la imagen para ver qué es exactamente lo que capta su atención. Haz una pausa y observa los detalles: ¿las agrupa por formas?, ¿las cuenta?, ¿las clasifica por tamaños?, ¿las reúne por colores? ¿se interesa en sentir cada concha y su textura? Esto te proporcionará datos valiosos para ofrecerle fácilmente actividades en casa que amplíen sus exploraciones y se ajusten a sus necesidades e intereses actuales. Otro ejemplo: si está intentando abrir el armario de la abuela con la llave detecta qué movimiento exacto le cuesta y enséñale a superar esa complicación concreta.

Cuando estés observando presta atención a tres aspectos que alimentan sus tres necesidades básicas: elección, concentración y comunicación.

- **Elección.** Observa lo que selecciona espontáneamente. Fíjate en lo que elige ver, escuchar, con quién habla, etc. Las elecciones deliberadas señalan su interés y son la forma más fácil de seguir su plan interno de desarrollo. Las elecciones espontáneas fomentan la motivación, que sienta las bases para la autodisciplina. Estás recopilando información para evaluar su **independencia**.
- **Concentración.** Observa el nivel de enfoque que tiene mientras realiza una actividad y durante cuánto

tiempo la hace. Observa cuándo pierde el enfoque y qué distracciones pueden eliminarse. Observa cómo se siente durante y después de la actividad y qué actividad elige a continuación. Estás recopilando información para evaluar su **dominio y aprendizaje**.

— **Comunicación.** Presta atención a la interacción verbal y no verbal de tu hijo. Observa cómo se relaciona con los demás y cómo responde a la forma en que interactúas con él. Observa cómo expresa sus emociones. Observa su conducta. Estás recopilando información para evaluar su **integración social**.

UTILIZA TUS OBSERVACIONES PARA ELABORAR UN PLAN DE ACCIÓN

La observación debe ser constante, por no decir incesante. Es tu mejor herramienta para saber qué hacer a continuación. Tu hijo no te dirá directamente lo que necesita; tú lo deduces interpretando tus observaciones. Utiliza lo que veas para generar ideas sobre nuevos materiales y actividades o para cambiar tu actitud o enfoque. A veces decidirás que la mejor opción es no intervenir. Tu hijo evoluciona constantemente, así que tienes que adaptarte y seguir sus cambios.

EN RESUMEN

La observación es la clave de tu eficacia como padre. Aprende a observar más como un científico, con curiosidad y sin prejuicios. Es más, observa sin intervenir. Como quien busca descubrir un misterio, observa cómo se desenvuelve tu hijo. La información que recoges te orienta hacia tu próxima acción, basada en lo que el niño te está mostrando que necesita. Puedes intervenir indirectamente, modificando el entorno o tu enfoque, o directamente, ofreciendo ayuda o estableciendo un límite. Ten en cuenta que siempre estás salvaguardando que tu hijo pueda elegir espontáneamente, concentrarse profundamente y comunicarse libremente.

Diagrama 3. **El enfoque Montessori**

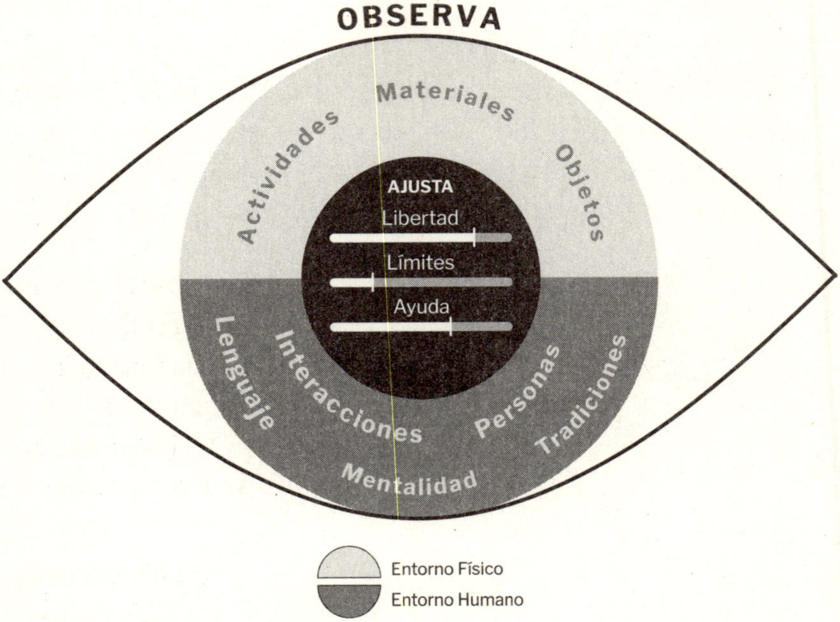

Fuente: Elaboración propia.

El primer paso es preparar el entorno físico y humano. Después, se deja al niño actuar en libertad en él, con límites claros, ayudando lo mínimo posible y solo cuando sea necesario. Posteriormente, se observa la actividad del niño, enfocándose en sus elecciones espontáneas, su comunicación (verbal y no verbal) y salvaguardando momentos de concentración.

Según crezca el niño, irá adquiriendo cada vez más independencia, y en consecuencia será capaz de manejar más libertad responsablemente. A través de la observación, el adulto responde a este crecimiento proporcionando menos ayuda y moviendo los límites de manera lógica y consistente (llegará el día en que el niño pueda cruzar la calle solo). A medida que madura el autocontrol del niño, los límites se integran y se vuelven autodisciplina.

CUIDA TUS INTERVENCIONES

> Un elogio, una ayuda o una mirada, pueden ser suficientes para interrumpirlo o destruir la actividad; esto puede ocurrir, incluso, si el niño simplemente se da cuenta de que lo observan. Tan pronto como la concentración haya comenzado, actúa como si el niño no existiera.
>
> **María Montessori**
> (Montessori, 2007a, p. 254)

Observar es una ocupación muy activa. Aunque exteriormente pueda parecer que no estás haciendo nada, estás recopilando cautelosamente información valiosa sobre cómo interactúa tu hijo con el entorno para después utilizarla y decidir qué hacer a continuación. Teniendo en cuenta que cualquier cosa que hagas tiene un impacto, en un momento dado estás decidiendo si intervenir o no, y cómo hacerlo. También utilizas la información para estimar lo que tu hijo puede necesitar a continuación y planificar las modificaciones pertinentes para favorecer su avance.

Hay dos formas de guiar a tu hijo: a) interviniendo indirectamente a través del entorno o b) directamente mediante tu interacción:

a) Intervenciones indirectas. Ajusta el ambiente recordando que formas parte de él. Añade una nueva actividad, elimina o modifica un juego, bloquea los ruidos externos o las interrupciones. También puede que descubras que lo que hace falta es esforzarte por cambiar tu mentalidad, ser más paciente, suavizar el tono de voz, hablar más o menos o controlar más tus expresiones faciales. Recuerda que cualquier pequeño cambio en el entorno o en tu enfoque puede tener un gran impacto en el niño.

b) Intervenciones directas. A veces tu hijo requerirá apoyo directo; por ejemplo, que le enseñes a utilizar una herramienta nueva, a sujetar un calcetín para que lo deslice fácilmente en el pie, a adquirir una costumbre social como saludar a alguien o a gestionar sus emociones. Un segundo tipo de intervención directa es establecer un límite diciendo «no»; se utiliza cuando su comportamiento es más extremo. Tus observaciones te llevarán a darte cuenta de cuándo hay que reducir los límites y aumentar la libertad porque tu hijo ha evolucionado y puede ser más responsable y autónomo.

CALIBRA TU AYUDA

> Nuestro objetivo debe ser hacer que el niño sea capaz de actuar por sí mismo. El adulto debe ser una fuente de ayuda, no un obstáculo. Debemos ayudar realmente a satisfacer las necesidades del niño; debemos dejarle hacer cosas por sí mismo porque su propia vida depende de que sea capaz de actuar. Hay que dejarle funcionar libremente.
>
> **María Montessori**
> (Montessori, 2007d, pp. 101-102)

El arte de ser padre consiste en encontrar el equilibrio entre dejar que tu hijo sea el protagonista de su propia vida y, al mismo tiempo, ofrecerle orientación y apoyo para ayudarlo a tener éxito por el camino. Este delicado equilibrio se consigue evaluando la ayuda que ofreces en función de lo que necesita en cada situación y sabiendo retirarte cuando tu apoyo no es requerido. Al igual que cuando monta en bicicleta por primera vez, sabes intuitivamente que la única forma de que aprenda es soltarlo cuando esté preparado. Siempre estás calculando qué nivel de libertad y ayuda sería más útil para tu hijo.

Los adultos equiparan erróneamente hacer cosas por los niños con demostrar su amor. En tu afán por ayudar, corres el riesgo de pasar por alto el hecho de que lo que tu hijo realmente necesita es que se le den oportunidades para interactuar con el mundo directamente, cometer errores y aprender de ellos. Si haces por él cosas que podría haber hecho por sí mismo, estás obstaculizando su adquisición de conocimientos a partir de la experiencia de primera mano. Cuando haces las cosas por él, automáticamente interrumpes su forma natural de aprender y es probable que reaccione para defender su necesidad biológica de crecer. También es posible que se resigne por complacerte o, peor aún, que se sienta derrotado ya que se aplastó su motivación, lo cual puede derivar en que evite fijarse objetivos y trabajar para conseguirlos.

Aunque tengas la mejor de las intenciones, una ayuda excesiva, insuficiente o a destiempo, puede ser perjudicial para su proceso de desarrollo. No te dejes llevar por la lástima o el deseo de quitarle el sufrimiento; apela a la parte de él que se enfrenta a las dificultades y trabaja para superarlas. Al medir tus intervenciones, apoyas su autoconstrucción y fomentas tanto la autonomía como una relación basada en el respeto y el apoyo mutuos. Tu hijo requerirá ayuda en los distintos ámbitos, y en todos ellos hay que calibrarla. Aunque sea tentador, evita consentirlo demasiado, para que no se vuelva excesivamente dependiente y te trate de manipular constantemente. Se precisa paciencia y tiempo para aprender a medir tu ayuda —y mucho autocontrol—, pero es una inversión que merece la pena.

Intenta

- ✓ **Intenta preparar un entorno óptimo para la autonomía.** En lugar de hacer las cosas por tu hijo, prepara su ambiente para que pueda actuar por sí mismo, reduciendo al mínimo su dependencia hacia ti. Esto incluye guardar los objetos que utiliza a diario en lugares accesibles para que no tenga que pedirte ayuda para tomarlos.

    - ➔ En lugar de vestir a tu hijo cada mañana prepara su armario con perchas a su altura y cajones accesibles. Considera el vestirse como una parte integral de su día y del trabajo que tiene que hacer.

- ✓ **Intenta ayudar lo mínimo necesario.** Deja siempre que haga todo lo que pueda hacer por sí solo. Ayúdale lo justo y necesario, no más. Intervén cuando no pueda hacerlo del todo o cuando su frustración va en aumento. Ajusta el nivel de dificultad a su capacidad actual.

    - ➔ Si le cuesta subir la cremallera del chaleco, obsérvalo atentamente y detecta el problema.

Si su dificultad estriba en alinear los dos lados antes de intentar subirla enséñale a hacer justo eso. Dale la satisfacción de acabar de subir el cierre por él mismo.

✓ **Intenta dejar que se enfrente a obstáculos.** Quitar obstáculos solo es útil si tu hijo está realmente abrumado (por ejemplo, cuando el reto es excesivo). Las dificultades son esenciales, proporcionan oportunidades para resolver problemas y son una gran fuente de satisfacción cuando las supera. Casi siempre, eliminar los retos se interpone en su aprendizaje.

➔ Si tu hijo se esfuerza por meter un libro en una bolsa y observas que el libro es claramente demasiado grande, no hagas ni digas nada. Deja que lo intente tantas veces como sea conveniente para que se dé cuenta del problema y encuentre una solución. Si precisa tu ayuda, te la pedirá. Es un buen momento para que practiques la observación sin intervenir.

Evita

✗ **Evita ayudar en exceso.** Si permites que afronte retos crecientes de forma sensata y gradual, lo estás ayudando indirectamente a desarrollar sus habilidades y a aprender a calcular los riesgos. Si lo mantienes en una burbuja, en el futuro tendrá que enfrentarse a peligros sin tener las habilidades adecuadas y no estará preparado para evaluar situaciones de riesgo.

➔ Si no dejas que tu hijo se suba a los árboles o use tijeras ¿cómo se supone que va a aprender a hacerlo de forma segura? Tu sobreprotección en el presente se convierte en un peligro mayor en el futuro.

- ✘ **Evita desatenderle cuando realmente necesita ayuda.** Hay momentos para fomentar la independencia y otros en los que tu ayuda u orientación son cruciales. Tu hijo tiene una madurez limitada en muchas áreas como la motriz, la social y la emocional, y por eso a veces requiere de tu orientación. Ciertos retos son demasiado para él y necesita que los ajustes para que se convierta en algo factible y pueda superarlos poco a poco.

  ➔ Aunque tu hijo puede aprender mucho sobre la resolución de conflictos a partir de desacuerdos leves en el patio o en el parque, no confundas esto con acoso o situaciones más graves que aún no esté preparado para resolver. Comprende su madurez emocional y a lo que se puede enfrentar por sí mismo.

- ✘ **Evita corregirle directamente.** Los niños responden mejor cuando se les muestra cómo hacer las cosas de un modo que puedan reproducirlo. Corregirlos directamente no suele ser ni eficaz ni bien recibido.

  ➔ Cuando una persona se cae en la calle, y tu hijo la señala y se ríe, fíjate y muestra tu preocupación por dicha persona, expresando cómo debe sentirse. Más tarde, en casa, practica con tu hijo algunas opciones más respetuosas con las que se podría responder en una situación así.

MUÉSTRAME LOS LÍMITES

> «No» debe significar «no» siempre. «No» no puede significar «pídemelo otra vez y quizá ceda» o «grita lo bastante alto, pégame, rompe algo, dime 'te odio, eres mala', hazme pasar vergüenza en un lugar público o en casa de mis suegros y puede que te dé lo que quieres». Cuando tus límites están bien definidos, [los niños] se sienten seguros y cuidados.
>
> **Paula Polk Lillard & Lynn Lillard Jessen**
> (Lillard & Jessen, 2003, p. 205)

Los niños tienen limitada experiencia y madurez y no siempre pueden ver las consecuencias de su comportamiento ni cómo afecta a los demás. A veces hacen cosas que hieren o molestan sin querer o sin darse cuenta. Otras están probando intencionadamente los límites intentando comprender las relaciones sociales. Ayuda a tu hijo a comportarse de modo que pueda relacionarse mejor con los demás, pertenecer y ser aceptado, sin suprimir su necesidad de ser su propia persona y crecer. El psicólogo Jordan Peterson propone una regla sencilla para saber cuándo poner un límite: «No dejes que tus hijos hagan nada que haga que te gusten menos» (Peterson, 2019, p. 144).

Tu hijo no es un ser aislado, existe en una sociedad y una comunidad. En el fondo, quiere agradar y pertenecer, pero al mismo tiempo siente una fuerte atracción por explorar y actuar libremente para seguir aprendiendo y desarrollándose. Los límites le proporcionan un mapa mental del territorio social que le ayuda a orientarse y a elegir cómo actuar de forma respetuosa. Unos límites sencillos y claros le permiten ser dueño de su libertad y asumir la responsabilidad de sus actos.

Los límites protegen las necesidades

Los límites no deben ser arbitrarios. Protegen necesidades o valores importantes como el respeto o la seguridad. Están relacionados con el funcionamiento armonioso de nuestra sociedad. Cuando estableces tus límites, estás siendo un modelo de cómo ser empático y cuidar a todos y al medioambiente. Si permites que tu hijo haga lo que quiera, le estás haciendo un flaco favor porque necesita aprender para poder vivir en sociedad y a ser aceptado por los demás para convivir en armonía. Como señalaba Montessori: «Dejar que el niño haga lo que quiera cuando aún no ha desarrollado ningún poder de control es traicionar la idea de la libertad» (Montessori, 2007a, p. 185).

Elige tus límites

Los límites deben ser pocos y claros. De hecho, la mayoría de las veces que crees que tienes que poner un límite o decir «no», en realidad no es así. Mostrar a tu hijo una forma mejor de actuar o de hablar, una simple declaración de cómo se hacen las cosas, ejemplificar tú mismo un comportamiento o un cambio en el entorno suelen ser suficientes para que se adapte a las normas sociales voluntariamente. Encontrar la manera de darle la vuelta a su comportamiento y redirigirlo hacia algo más productivo es casi siempre el método más eficaz. Como vimos anteriormente, entrénate para encontrar un «sí» y guardar tus «no».

El truco está en el término medio, en evitar los extremos y en no ser ni demasiado controlador ni demasiado permisivo. Hay momentos en los que restringir su libertad es fundamental, como cuando le están saliendo los dientes y muerde la jugosa mejilla de su primo. Sin embargo, hay muchas ocasiones en las que puede tener libertad porque aprenderá la lección de las consecuencias naturales directamente. Por ejemplo, cuando toma su mochila de natación para ir a clase y se da cuenta de que no la organizó la última vez y ahora la toalla y el traje de baño están mojados y huelen mal, la lección no se le olvidará, y te puedes ahorrar los sermones. Si el resultado de su elección no tiene repercusiones graves, tu control obstaculiza su aprendizaje. Deja que elija su ropa, cree variaciones a la hora de poner la mesa y reorganice su habitación; pero no permitas que cause ningún daño, ni física ni emocionalmente.

Los límites forman parte de la vida

En los dos primeros años, tu hijo buscará orientarse y copiará cómo se hacen las cosas sin poner mucha resistencia; de hecho, busca imitar; pero muy pronto empezará a desafiar. No siempre te pone a prueba a ti, sino que intenta descubrir lo que puede y lo que no puede hacer en el contexto social sin perder el contacto consigo mismo. Cuanto antes le enseñes dónde están los límites, menos dificultades tendrán los dos porque sabrá con claridad cómo se hacen las cosas y qué se espera de él. Con la experiencia, tu hijo aceptará que los límites forman parte de la vida social y comprenderá que proporcionan seguridad y armonía, no solo para él, sino para todos. Si has desarrollado una relación de cercanía, aceptación y respeto mutuo, tenderá a hacer caso a tus consejos y no te hará falta recurrir a la fuerza.

Establecer límites puede ser sencillo, no hay que complicarse demasiado

El secreto para saber cuándo y cómo poner límites es planificar con antelación y no improvisar en el momento. Cuando piensas tu lista mental de reglas generales por adelantado puedes ser más claro y coherente, y evitarás confusiones, manipulaciones y tener que repetir instrucciones eternamente. Además, la forma en que pones el límite influye en cómo lo tomará tu hijo. Muéstrate seguro y tranquilo o te presionará e, incluso, intentará manipularte. Si lo juzgas, puede deducir que algo está mal con él (no con sus acciones). Fija el límite y confía en que tu hijo cooperará; la mayoría de las veces estará a la altura de las circunstancias, otras necesitará que vuelvas para insistir o ayudarle más. Con el tiempo, cumplir con normas sociales se convertirá en una forma de vida porque habrá integrado el concepto de respeto a todo el mundo y de autorresponsabilidad. Se adaptará y la necesidad de poner límites disminuirá. Esta temprana integración del orden social le traerá grandes beneficios en la adolescencia.

Constantemente, tu hijo se enfrenta con la dualidad de formar parte de la comunidad o individualizarse como persona. Necesita un equilibrio entre libertad y límites. Bailando entre la libertad y los límites aprende las normas y a funcionar armoniosamente en sociedad. Sin límites, se sentirá a la deriva. Cuando los estableces con calidez y neutralidad se siente cuidado y querido, aunque no le guste lo que pides.

Intenta

✓ **Intenta poner límites únicamente cuando se requiera.** Deja que sea libre, en la medida de lo posible. En muchas situaciones, las consecuencias naturales proporcionan un límite lógico. Tu regla de oro es esta: si es capaz de hacerlo solo (y no lastima ni molesta), deja que lo haga libremente. No lo sobreprotejas limitando su actividad cuando no sea peligrosa.

➔ Si tu hijo está cosiendo con una aguja y se pincha, pronto aprenderá a tener más cuidado con sus movimientos. El entorno es un poderoso maestro. Puedes tener empatía y ayudar a calmarlo, pero deja que aprenda de las consecuencias naturales cuando no sea peligroso.

✓ **Intenta transmitir el mensaje con empatía y respeto.** Si tu actitud es positiva y amable, tu hijo responderá mejor. Ayúdale a entender las razones del límite para que esté más dispuesto a cooperar (sin dar demasiadas explicaciones). Si entablas una relación de colaboración basada en el respeto mutuo, la necesidad de límites se reduce al mínimo. Asume tu papel de padre, no eres su amigo, aunque en la mayoría de los casos puedas tratarle como a un igual.

➔ Cuando proteste por tus límites, fíjalos con sencillez y calma. En una frase puedes explicarle los hechos: «No gritamos para no molestar a los demás». Si hay mucha resistencia, puedes decirle: «Mi trabajo es ser tu padre. Cuando te pido que hagas esto es porque me importas y quiero lo mejor para ti, aunque ahora te resulte difícil de entender».

✓ **Intenta ayudar a tu hijo a comportarse para que pueda integrarse.** Puedes y debes querer a tu hijo, pero no olvides a los demás. Tu hijo tiene que aprender a respetar y a aceptar las necesidades de los demás. No lo conviertas en un pequeño emperador levantando límites o no poniéndolos. Evita anteponer sus intereses a los del resto. Dale la oportunidad de integrarse a la sociedad y de ser un miembro valioso de la comunidad.

- ➔ Cuando tu hijo no quiera subir al autobús y todos lo estén esperando, en lugar de consentir esa conducta puedes decir: «Tenemos que subir al autobús. ¿Qué prefieres: subir tú solo o que te cargue y te suba yo?». Cuando realmente necesitas que haga algo por respeto a los demás, la opción no es si lo hace o no; la opción es cómo hacerlo.

Evita

- ✗ **Evita ser demasiado estricto.** A menos que la seguridad sea una consideración, no seas autoritario y no uses la fuerza. Evita cualquier castigo o uso coercitivo del poder (tanto corporal como verbal). No pidas a tu hijo que obedezca ciegamente. Cuando conozca las razones, estará más dispuesto a hacer lo que pides. Tampoco hacen falta largas explicaciones ni justificaciones.

  - ➔ Evita los «tiempos muertos» o castigarlo. Evita decirle: «Haz lo que te digo porque lo digo yo». Estos métodos lo pueden condicionar a obedecerte temporalmente, pero lo hará por miedo, y necesitará vigilancia en el futuro.

- ✗ **Evita ser demasiado laxo.** Tendrás la tentación de suprimir un límite para que tu hijo esté contento, pero es tu tarea guiarlo. Le estás ayudando a desarrollar su brújula moral. No renuncies a tu responsabilidad de orientarlo siendo excesivamente permisivo. Necesita conocer los límites dentro de los cuales es aceptable actuar. Ceder a todos sus deseos crea problemas de comportamiento. No hace falta que te disculpes ni que te inventes excusas: cuanto más corto y directo, mejor.

➔ Puede que tu hijo no quiera irse a la cama, pero sabes que solo podrá satisfacer su necesidad de descanso si se acuesta a una hora determinada. Se beneficia de tener una estructura y una rutina fiables (baño, seguido de lectura y mimos de buenas noches). Si su hora de acostarse se vuelve caótica es perjudicial para él y para todos los que lo rodean.

EN RESUMEN

Tus observaciones del niño actuando en libertad en un entorno preparado te llevarán a distinguir momentos en los que sería beneficioso intervenir, ya sea para ayudarle o para redirigir su conducta.

Ayudar a un niño no quiere decir hacer las cosas por él. Necesitas medir tu ayuda, lo cual requiere que aprendas a apoyar a tu hijo sin interferir ni interrumpir su actividad ni su proceso de aprendizaje. Observa y aprende a percibir su capacidad y a proporcionarle justo la ayuda necesaria (y no más ni menos) en el momento preciso en que la requiere. Todo lo demás es un obstáculo para su desarrollo. Tu meta es siempre que se vuelva más autosuficiente, o sea, menos dependiente de ti.

Cuando la conducta de tu hijo puede tener consecuencias no deseables es necesario intervenir con un límite y mostrarle cómo actuar mejor. Tus límites le ayudan a socializar y a entender cómo funciona su comunidad y cómo respetar a los demás. Es durante los primeros años de su vida que el niño asimila el funcionamiento, las normas y las costumbres de su familia y su sociedad. Es el momento ideal para que aprenda los fundamentos de las dinámicas sociales y cómo comportarse para que se le incluya y se le aprecie. A los seis o siete años se habrá orientado socialmente, adaptado a su entorno y comprendido que su libertad termina donde empieza la de los demás.

CUIDA LO QUE NO VES DENTRO DE MÍ

La educación consiste en mantener viva
una llama, no en llenar un recipiente.
Sócrates

Los niños vienen equipados con las cualidades precisas para poder desarrollar su máximo potencial humano. Estas cualidades no son obvias porque no se ven inicialmente, ya que existen de manera incipiente hasta que se fortalecen. Están en potencia y requieren de nuestra protección para maximizar su maduración. Se pueden asemejar a unas luces dentro del niño que hay que cuidar para que no se extingan. Montessori comparó la potencialidad del niño con una vulnerable llama. Por ejemplo, la capacidad de dirigir su atención crece muy gradualmente. Un recién nacido es capaz de dirigir sus ojos y fijarlos en estímulos que lo atraen como la boca de donde sale la voz humana, pero solamente por momentos breves y sin mucho control. Cuando protegemos la concentración del niño esta aumenta. Al ejercitarla como un músculo con el paso del tiempo, el niño consigue llegar a un punto donde puede controlar su capacidad de concentrarse profundamente a voluntad, habilidad que logrará transferir a todos los ámbitos.

En el sistema Montessori se ha demostrado que cuando se ayuda al niño a cuidar tres elementos en particular, se desarrollan las funciones cognitivas más complejas. Como vimos en el tema de la observación, lo que hay que cuidar con gran recelo y proteger casi como policías son las **elecciones espontáneas** del niño, su **comunicación libre** a todos los niveles y su **concentración profunda.** Al potenciar estos aspectos nos aseguramos de que tiene los ingredientes para desarrollar las funciones ejecutivas fundamentales, que dan lugar a las deseadas funciones cognitivas más complejas, esenciales para tener éxito y una buena calidad en la vida:

- Su motivación interna
- Su autocontrol
- Su regulación emocional
- Su capacidad de concentración
- Su autodisciplina

CUIDA MI MOTIVACIÓN INTERIOR

> Prometer golosinas a los niños por su buen comportamiento nunca puede producir nada más que una obediencia temporal. De hecho, cuanto más utilizamos incentivos artificiales para motivar a las personas, más pierden interés en lo que les estamos sobornando para que hagan.
>
> **Alfie Kohn**
>
> (Kohn, 2018)

Si quieres que tu hijo tenga la capacidad de dirigirse a sí mismo, mantenerse conectado con lo que necesita y confiar en él, hay que dejarlo tomar decisiones y ejercer su fuerza de voluntad. Si lo diriges o motivas constantemente desde fuera se vuelve dependiente de los adultos o de factores externos. Existen muchos estudios que demuestran que los métodos que apoyan la motivación intrínseca son más eficaces y duraderos que los premios, los elogios excesivos y los castigos, y que todos ellos tienen un efecto perjudicial sobre la motivación. Para modificar el comportamiento de tu hijo o incentivarlo para que aprenda o cambie, es aconsejable no utilizar métodos extrínsecos de motivación como recompensas, elogios, castigos o amenazas.

Protege las decisiones de tu hijo

Tienes que salvaguardar los impulsos innatos de tu hijo porque son una poderosa fuente de motivación cuando no están distorsionados por la manipulación externa a través de recompensas o amenazas. Para él, el proceso de aprender y mejorar es el premio en sí mismo: le produce una inmensa alegría y satisfacción fijarse sus propias metas, perseverar y alcanzarlas. Cuando hace las cosas porque quiere, y saborea la satisfacción de crecer con responsabilidad, se alimenta de forma natural un ciclo de repetir lo positivo. Estas experiencias fomentan su autoestima con el tiempo. Además, siente que confías en él y en su capacidad; esto construye una relación sólida entre ustedes, basada en el respeto mutuo y la colaboración.

La motivación interior le lleva a sentirse digno

Cuando intentas motivar a tu hijo mediante incentivos externos o amenazándolo, es probable que obtengas un resultado inmediato. Sin embargo, su obediencia no será duradera. Dejará de responder y la recompensa o el castigo no funcionarán a menos que los aumentes. Es probable que precise una vigilancia constante para mantener el comportamiento. Esto será agotador para ti y corres el riesgo de entrar en una dinámica tóxica. Con el tiempo, los premios y los castigos hacen que tu hijo dependa del juicio y el reconocimiento de otras personas. Cada vez que se le dirige desde fuera, su capacidad de autodirección no se ejercita y, con el tiempo, se vuelve inseguro a la hora de tomar decisiones y de creer en sí mismo. Elegir la vía de las recompensas y los castigos es contraproducente, ya que su motivación se adormece. Por desgracia, cuando condicionas tu amor a tus evaluaciones externas, le impides sentir que tiene valor intrínseco y que lo aceptas tal y como es.

Intenta

✓ **Intenta dejar que siga sus intereses.** Prepara el entorno para que encuentre cosas que le motiven. Modifícalo a medida que crezca. Respeta sus elecciones. Confía en su desarrollo desde dentro.

➔ Tu hijo tiene un impulso innato por aprender conceptos matemáticos y los aprenderá en lugares insospechados, a través de actividades que podrían parecer triviales como la cocina o la jardinería. Siente un deseo natural de conocer las cantidades, formas y tamaños de los objetos del mundo que lo rodea. Cuenta huevos, flores o tenedores en momentos ordinarios. Cosas sencillas como manipular objetos le resultan muy satisfactorias, ya que está absorbiendo información sobre sus pesos, tamaños, volúmenes y distancias. Si fomentas esta inclinación espontánea, apreciará las matemáticas.

✓ **Intenta ofrecerle comentarios constructivos en lugar de elogios.** Tu hijo necesita información factual sobre sus acciones para aprender. Tu reacción es información valiosa y memorable para él. Para ayudarle a avanzar, asegúrate de que tu respuesta sea:

- **concreta**: expresa detalles sobre lo que observas;
- **factual**: habla de lo que se puede ver y oír;
- **neutra**: evita prejuicios y juicios (positivos o negativos);
- **genuina**: sé sincero, pero sin prejuicios;
- **positiva:** encuentra algo de lo que ha hecho que sea positivo y que pueda servirle de impulso para hacer más cosas.

➔ Cuando estés horneando unas galletas y tu hijo te enseña las que él ha elaborado, puedes comentar las formas, los colores, el sabor y el esfuerzo que ha supuesto crearlas: «Todas son del mismo tamaño, pero tienen un aspecto diferente. Me gusta la combinación de blanco y amarillo. ¿Puedo comerme esta?». Si dices: «Tienen una pinta estupenda» o «Eres el mejor cocinero», no aprenderá mucho y acabará dándose cuenta de que es un cumplido vacío (en el fondo, sabe que las tuyas tienen mejor apariencia).

✓ **Intenta desarrollar una perspectiva apreciativa.** Tómate un momento para apreciar las cosas que te muestra o te cuenta y sus logros. Reconoce el valor y el esfuerzo de lo que hace. Ten en cuenta que el aprecio no es una evaluación de lo bien que lo ha hecho, sino una celebración de su mejora o logro. El aprecio proporciona información sobre lo que los demás consideran agradable o beneficioso y sobre lo que hay que hacer más.

- ➔ Cuando tu hijo derrame un poco de agua e intente limpiarla, opta por hacer comentarios sobre su iniciativa para limpiar, en lugar de resaltar el «error» de tirarla o lo «torpe» que es al limpiarla.

Evita

- ✘ **Evita los elogios generales o automáticos.** Ten en cuenta que el elogio es una recompensa verbal y, por tanto, contraproducente para motivar a tu hijo. Evita los elogios vacíos como «buen trabajo» o «bien hecho». Tu hijo se dará cuenta de que no son auténticos. Lo que realmente le ayuda a avanzar es que prestes atención a lo que hace y que aprecies sus esfuerzos diciéndole las cosas concretas que está mejorando o que te gustan.

  - ➔ Evita etiquetar y evaluar a tu hijo con expresiones prefabricadas como «eres malo», «sé niño bueno», «eres el mejor». En lugar de eso, describe los hechos: dile que te ha gustado cómo ha ayudado amablemente a su hermana a llevar el banco al otro lado del jardín.

- ✘ **Evita los premios y castigos.** Evita utilizar ayudas externas para dirigir a tu hijo a hacer lo que quieres, ya que es manipularlo. Evita los sistemas de recompensa como las tablas de puntos, los caramelos, la atención condicionada, las amenazas, los alimentos favoritos, etc. Harán que tu hijo busque constantemente la aprobación exterior. Tu trabajo es ayudarle a encontrar y conectar con su motivación interior.

➔ Si le compras algo cada vez que aprueba un examen, a los 18 años, para mantener el ritmo, puede que necesites comprarle una casa.

✗ **Evita las amenazas.** No intimides a tu hijo con cosas que no piensas cumplir. Sé sincero con tus límites. Cuanto mayor sea tu amenaza, menos sucederá, menos creíble será para tu hijo y más retará los límites. Lo que necesita es encontrar el valor de la actividad y entender por qué es bueno hacerla o no hacerla.

➔ Cuando tu hijo lance las piedrecitas del jardín hacia la calle, evita tratar de amedrentarlo con llamar a la policía o al encargado. En lugar de eso, toma la autoridad en tus manos y fija claramente el límite. Detenle y explícale cómo lo que está haciendo podría ser perjudicial, y que es importante respetar a los demás. Ayúdale a encontrar otro lugar, por ejemplo un lago, donde tirar piedras no daña, es apropiado e igualmente divertido.

CUIDA MI AUTOCONTROL

> La gente ha asumido que si los niños supieran lo que deben hacer, lo harían, y que si no lo hicieron así es porque se estaban portando mal intencionalmente. Pero, entre el conocimiento y la implementación, a menudo se necesita otro paso, ignorado durante mucho tiempo. Cuando hay una fuerte respuesta que compite [con lo requerido], esa respuesta debe ser inhibida. Es posible que los niños pequeños no puedan hacer esto.
>
> **Adele Diamond**
> (Diamond, 2016)

Si quieres que tu hijo logre controlarse, antes tiene que poder tener opciones de movimiento y elección. Su capacidad de autocontrol no está presente al nacer; requiere la evolución de procesos neurológicos como el recubrimiento de neuronas de una sustancia aislante llamada mielina que hace más eficiente la conducción eléctrica neuronal y entre nervios y músculos. El desarrollo del autocontrol se produce con la práctica repetida, y es el resultado de la maduración y sincronización de su cerebro y su cuerpo. Al realizar determinadas acciones y abstenerse de otras, los circuitos cerebrales se conectan y sus funciones ejecutivas se fortalecen hasta lograr inhibir movimientos e impulsos a voluntad. En vez de presionarle, frustrarnos o pensar que está siendo desobediente, es más productivo apoyar su desarrollo.

Tu hijo está aprendiendo a controlar su cuerpo

Antes de que tu hijo pueda controlar y coordinar sus músculos, los nervios motores que los dirigen necesitan recubrirse de mielina. Sin la finalización de este proceso de mielinización, un niño literalmente no puede caminar ni controlar por completo sus manos ni su cuerpo, aunque lo desee. Por eso sus movimientos son inicialmente bruscos e imprecisos, y solo poco a poco se vuelven más suaves y controlados. Los niños no pueden dominar sus funciones biológicas, como orinar, hasta que están biológicamente preparados. También por eso no son capaces de controlarse y obedecerte enseguida, aunque quieran.

Tu hijo solo podrá perfeccionar sus habilidades mediante la repetición. Sus movimientos únicamente pueden hacerse más suaves y coordinados a lo largo de infinitos ensayos, cada uno de los cuales favorece la mielinización y otros procesos cerebrales. Lo verás claramente cuando empiece a comer solo. La cuchara, guiada por la mano, pasa por la mejilla, la barbilla o la nariz antes de que aprenda a atinar a la boca. Tiene que ser capaz de realizar los movimientos muchas veces antes de controlar a dónde apuntar y cómo y cuándo parar. Cuanto antes empiece a practicar, mejor.

Tu hijo está aprendiendo a controlar su mente

A parte de la mielinización, los circuitos cerebrales responsables de las funciones ejecutivas requieren tiempo para madurar. Hasta que esto suceda, es como si tu hijo viniera con un interruptor de «encendido»/«apagado», atascado en la posición «encendido» por defecto. Tiene que aprender a pulsar la opción «apagado» a voluntad para poder abstenerse de realizar la acción escogida. Solo entonces podrá controlar procesos como el llanto. El autocontrol solo puede desarrollarse cuando tu hijo tiene la libertad de elegir hacer algo o abstenerse de ello.

Madurar implica lograr el autocontrol en muchas áreas. Parece que el autocontrol físico aparece primero, y a medida que su maquinaria neurológica empieza a funcionar, la capacidad se va transfiriendo a los demás aspectos, el cognitivo, el emocional y el social. Tu hijo tiene que practicar moverse y quedarse quieto o reducir la velocidad para hacer movimientos precisos. También aprenderá a dirigir su atención, a desconectarse de las distracciones y a concentrarse. Más adelante aprenderá qué cosas puede comunicar y cuáles no. Poco a poco aprenderá a inhibir sus reacciones automáticas y a dominar su despliegue de emociones. Después aprenderá a frenar sus deseos y a seguir las normas. Ninguna de estas habilidades puede apresurarse ni forzarse. Es importante que las practique todas, ya que se retroalimentan. Hay que tener paciencia para que se produzca el desarrollo. Proporciona oportunidades para que tu hijo pueda controlar su cuerpo y mente, y así sentar las bases del autocontrol en todos los ámbitos.

Intenta

- ✓ **Intenta ofrecerle oportunidades para practicar.** Las oportunidades de moverse, hablar y concentrarse deben estar presentes en su vida cotidiana. Las actividades prácticas caseras, aunque parezcan triviales, desarrollan el autocontrol de forma natural. Necesita actividades que requieran precisión involucrando movimientos finos (por ejemplo, cortar fruta, cerrar y abrir botellas, tarros, usar botellas de *spray*), así como actividades que utilicen el control motor grueso mediante movimientos más amplios (limpiar, frotar, fregar, bailar, trepar).

  - ➔ Cuando tu hijo lava una taza, debe controlar la presión que ejerce y ralentizar los movimientos para que no se le caiga de las manos. De ahí la importancia de que esté hecha de un material rompible.

✓ **Intenta ofrecerle oportunidades para inhibir impulsos.** Controlar la quietud y el silencio es lo que más tarda en madurar. Hay muchos juegos para ejercitarlo: las sillas musicales, las estatuas congeladas. Cuando cuentes cuentos a tu hijo incluye momentos silenciosos de suspense que lo inviten a quedarse quieto y callado. Ayúdale a aprender a no interrumpir y a dejar de hablar para escuchar. Tú eres su modelo. Muéstrale cómo gestionas tus emociones cuando estás enfadado. Enséñale a modular la voz.

➔ Si tu hijo no para de interrumpirte cuando hablas con tu vecino, invítale a esperar un momento hasta que termines de hablar. Si ha estado practicando jugar o cantar en silencio, es más probable que pueda controlarse.

✓ **Intenta fomentar la toma de pequeñas decisiones.** Aunque las pequeñas decisiones te parezcan insignificantes, cada una es una oportunidad para practicar tanto inhibirse como llevar a cabo sus impulsos. Esto le lleva a tener más autocontrol. Asegúrate de que el entorno dé a tu hijo oportunidades para que elija qué hacer y cómo hacer las cosas. Es muy importante respetar cuando no quiere hacer algo o de la manera que tú quieres. Necesita practicar cambiar de opción para aprender a controlarse.

➔ Deja que elija cómo manejar sus propios conflictos con hermanos o amigos, y cómo saludar a su manera.

EVITA

- ✗ **Evita sacar conclusiones precipitadas.** Cuando tu hijo no hace lo que pides o no lo hace como esperabas, puede deberse a que aún no es físicamente capaz (aunque quiera). Empatiza con sus limitaciones y tenlas en cuenta.

    - ➔ Por más que subas la voz o acabes gritando, tu hijo no podrá superar lo que no es física o cognitivamente capaz en un momento dado. No podrá quedarse sentado sin moverse hasta después de practicar innumerables veces y que su cerebro y cuerpo hayan madurado suficientemente.

- ✗ **Evita que haga cosas que dañen o molesten a los demás.** Aunque aún no pueda controlarse, tus límites le ayudarán a tomar el camino correcto para acabar controlándose. Ayúdale a abstenerse de acciones que dañen a otras personas o cosas.

    - ➔ Cuando tu hijo se enfade en el supermercado tómate un tiempo fuera hasta que se calme. No dejes que tire cosas. Ayúdale amablemente cuando no pueda controlarse (lo ideal es hacerlo con la menor fuerza posible).

- ✗ **Evita obligarle a estar quieto o callado.** Cuando esté fuera de control, dirige su energía hacia tareas más productivas que impliquen cierto autocontrol. En lugares donde no haya más remedio que estar quieto o callado (por ejemplo, en un concierto o mientras le cortan el pelo), ayúdale calmadamente. Sé creativo para captar su atención.

- ➔ Si tu hijo salta en el asiento del tren, redirígelo para que busque movimientos más apropiados. Puedes enseñarle una canción que implique mover las manos, algo que pueda cantar sin molestar a nadie. Enséñale cómo puede utilizar un tono de voz bajo para ser respetuoso. Disfrutará con estos retos y le ayudarán a aprender a controlar su voz y sus movimientos.

CUIDA MIS EMOCIONES

> Si entrenas a tu bebé para que no llore no respondiéndole, lo que estás haciendo es provocar que se disocie de sus sentimientos. Puede parecer que en general esté bien, pero lo que puede ocurrir es que esos sentimientos afloren más adelante, en la infancia o en la edad adulta. No creo que sea un riesgo que merezca la pena correr, sobre todo porque responder a un llanto coercitivo no conlleva ningún riesgo.
>
> **Philippa Perry**
> (Perry, 2019, p. 116)

La mayoría de los padres desean que sus hijos sean felices todo el tiempo, pero eso es imposible. Lo que requieren es aprender a autorregularse. Tu hijo necesita sentir todas sus emociones y familiarizarse con todo el espectro: alegría, tristeza, frustración, enfado, decepción, preocupación y miedo. Una vez que las sienta y las reconozcan juntos, tienden a pasar. Sus emociones tienen un ritmo natural y son pasajeras (se calcula que su tiempo de vida es de unos dos minutos). Por el contrario, si se reprimen se acumulan en su interior y saldrán más tarde, pero ninguno de los dos sabrá de qué se trata el descontento. Los disgustos del niño serán más difíciles de resolver y es más probable que sean malinterpretados. Tu hijo necesita tu ayuda para desarrollar su inteligencia emocional (la conciencia y regulación de sus emociones).

Ayúdale a desarrollar un rico vocabulario emocional

Puedes ayudar a tu hijo a aprender a nombrar sus sentimientos ofreciéndole palabras mientras experimenta determinadas emociones, del mismo modo que naturalmente nombras una silla o una mesa cuando las ve. Poco a poco, aprenderá a reconocer lo que siente por su nombre. Para ello, tienes que sintonizar con él y adivinar lo que puede estar sintiendo. Lo mejor es ofrecer la palabra en forma de pregunta o sugerencia, para no influir ni malinterpretar. Si no tienes claridad, puedes darle dos opciones. Solo él sabe lo que siente. «¿Parece que estás frustrado o a lo mejor estás cansado?».

Nombrar las emociones reduce su intensidad

Las investigaciones han demostrado que nombrar las emociones es una forma eficaz de regularlas (Torre & Lieberman, 2018). Cuanto más rico sea el vocabulario emocional de tu hijo más hábil será para mitigar sus emociones. El psicólogo Marshall Rosenberg descubrió que nombrar el motivo del malestar, es decir, la necesidad insatisfecha, alivia y favorece la autorregulación emocional aún más. Para ello, hay que leer entre líneas el comportamiento del niño y encontrar qué le falta. «¿Parece que estás triste porque extrañas a papá?». Recuerda que la emoción es como un síntoma o una advertencia. Si quieres ayudar a que tu hijo se sienta mejor, ataja la causa subyacente, su necesidad insatisfecha. Nombrar las dos cosas tiene un efecto amplificador.

Tabla 2.

Emociones humanas organizadas en opuestos (por columnas)

ENERGÉTICO	CÓMODO	FELIZ	CERCANO	SEGURO	INTERESADO	CIERTO
estimulado	neutro	contento	cálido	estable	curioso	alerta
animado	relajado	animado	tierno	calmado	comprometido	consciente
juguetón	aliviado	alegre	sensible	abierto	involucrado	atento
inspirado	refrescado	divertido	receptivo	satisfecho	intrigado	claro
intrépido	firme	encantado	emocionado	esperanzado	deseoso	avispado
aventurero	satisfecho	despreocupado	afectuoso	confiado	entusiasmado	concentrado
osado	pleno	orgulloso	cariñoso	complacido	inspirado	resuelto
empoderado	tranquilo	jubiloso	amoroso	agradecido	fascinado	seguro
apasionado	sereno	eufórico	compasivo	optimista	asombrado	determinado
CANSADO	**INCÓMODO**	**TRISTE**	**ENOJADO**	**ASUSTADO**	**AVERSO**	**CONFUSO**
drenado	agitado	decepcionado	gruñón	sorprendido	indiferente	liado
exhausto	inquieto	solitario	irritado	aprensivo	distante	vacilante
agotado	impaciente	disgustado	frustrado	desconfiado	resistente	dudoso
aburrido	estresado	herido	molesto	nervioso	apagado	reticente
distante	exasperado	arrepentido	resentido	preocupado	hostil	perplejo
introvertido	abrumado	consternado	enfadado	ansioso	celoso	embrollado
paralizado	avergonzado	miserable	exasperado	alarmado	envidioso	desconcertado
desconectado	abochornado	desesperanzado	indignado	en shock	despectivo	afligido
cerrado	culpable	deprimido	furioso	en apuros	asqueado	atascado

Fuente: Elaboración por Nati Beltrán, Cath Burke y Tracy Seed, formadoras certificadas del Center for Nonvoilent Communication (CNVC). Nota: No se incluyeron palabras como «ofendido» o «excluido» porque no son emociones puras, sino una percepción subjetiva de lo que hace alguien más.

Tu hijo aprende a calmarse observándote

Una forma para lograr que tu hijo desarrolle su inteligencia emocional es observándote. Su desarrollo emocional está íntimamente ligado con tu madurez emocional. En parte, aprende a regular sus emociones observando cómo regulas tú las tuyas e imitándote. El aprendizaje de la «alfabetización emocional» y la regulación de las emociones es un proceso lento que se va perfeccionando a lo largo de toda la infancia y la adolescencia, y continúa en la edad adulta. Cuanto más claro tengas lo que sientes y cómo influye en tu propio comportamiento, más rápido aprenderá tu hijo a regular el suyo.

Tu hijo vuelve al equilibrio a través de ti

Son tu amor y tu aceptación lo que le dan estabilidad y le ayudan a superar situaciones difíciles. Tu hijo solo puede aprender a manejar y a regular sus emociones si las siente y conforme las supera va adquiriendo experiencia. Si quiere llorar, hay que dejar que se sienta triste y llore. Cuando se desequilibra demasiado (se desregula), necesita tu ayuda para volver sentirse mejor. La manera más efectiva es validar sus emociones y experiencia y asegurarle que te quedarás con él. Se cree que las emociones fuertes desactivan temporalmente la corteza prefrontal, la parte del cerebro que favorece el pensamiento lógico y la regulación emocional. El Dr. Daniel Siegel, psiquiatra e investigador, explica que los niños pueden «tomar prestado el neocórtex de los adultos», es como si alquilaran tu capacidad para comprender y regular las emociones hasta que aprendan a autorregularse. No te sincronices con el malestar de tu hijo, ayúdale a sincronizarse con tu calma.

La causa de las rabietas de tu hijo

La causa de sus arrebatos emocionales es simplemente una falta de madurez, tanto de autocontrol como de capacidad limitada para comunicarse. A lo largo de muchas instancias en las que reconoce y nombra sus emociones, aprende poco a poco a identificarlas y regularlas. Cada emoción vivida e identificada le ayuda a aprender a calmarse mejor en el futuro. Con el tiempo, a medida que aprende a verbalizar lo que le molesta y a detectar su propio estado interno (emociones y necesidades), las frustraciones y los malentendidos tienden a disminuir. Los arrebatos van desapareciendo a medida que mejora su capacidad de comunicación.

Cuantas más situaciones resuelvas de esta forma tan sencilla más aprenderá tu hijo que comunicarse contigo es más eficaz que explotar con un berrinche. También es más gratificante, ya que tu conexión es fuente de buenos sentimientos para él. Dedicar tiempo a este proceso de sintonizar con él, comprender sus emociones y motivaciones, y ayudarle a entenderse a sí mismo, resulta en menos rabietas y más suaves. Por difícil que pueda resultar para un padre apoyar cada caso de emoción fuerte en su hijo, recuerda que le estás ayudando a verbalizar sus emociones y a regularlas, una habilidad útil para toda la vida. El Dr. Gabor Maté y otros médicos advierten de los efectos a largo plazo de reprimir las emociones puede provocar la somatización en el cuerpo y contribuir a enfermedades crónicas, como las autoinmunes y degenerativas (Maté & Maté, 2022).

Intenta

- ✓ **Intenta reaccionar con calma.** Al ver cómo reaccionas, tu hijo aprenderá a hacerlo por sí mismo imitándote. Cuando se pierde en la emoción, debe apoyarse en tu calma para tranquilizarse. No le resulta fácil, es una cuestión de madurez cerebral.

- ➔ Cuando tu hijo se cae y llora, tu consuelo le ayuda a superar el sentimiento más rápidamente. Si llora y lo juzgas diciéndole: «Pareces un bebé», solo se enfadará más, sentirá vergüenza o culpabilidad, o se tragará sus sentimientos y no aprenderá a procesar y regular las emociones adecuadamente.

✓ **Intenta acostumbrarte a permitir que sienta todas sus emociones.** Simplemente deja que tu hijo sienta. Estate presente, abrázalo, reconfórtalo y dile que todo pasará. Cultiva una actitud no crítica. No intentes arreglar sus sentimientos. Acepta que se sienta enfadado por el momento. Ya se le pasará. Mientras él y los demás estén a salvo, déjale experimentar lo que siente en su cuerpo. No intentes arreglarlo de inmediato.

- ➔ Tu hijo se enoja cuando se da cuenta de que no podrá asistir al partido de fútbol porque se han agotado todas las entradas. Empatiza con él y deja que se sienta decepcionado durante un rato hasta que se le pase, sin reprimirle ni abandonarle.

✓ **Intenta observar cómo influye tu cultura en tu forma de responder a las emociones.** Todas las culturas tienen creencias sobre qué emociones es aceptable expresar y cuáles deben ocultarse. Esto puede estar relacionado con el género o la edad. Deja que tu hijo sienta toda la gama de sus emociones y guíale para que las exprese de forma no dañina.

- ➔ Ser hombre no significa no tener los mismos sentimientos o necesidades que las mujeres. Permítele expresarse en igualdad de condiciones. Defiéndelo de los prejuicios culturales perjudiciales normalizando el llanto como una expresión natural cuando está triste o disgustado. Es una necesidad humana universal, independientemente del género. Se ha demostrado que las lágrimas liberan toxinas de estrés; no reprimas el llanto de ningún niño o niña. El llanto disminuye de forma natural cuando el niño adquiere una mayor autorregulación emocional.

Evita

- ✖ **Evita minimizar sus sentimientos y reacciones.** Los sentimientos de tu hijo son una realidad interna. Si los niegas o los juzgas se confundirá porque son reales para él. Al validarlos, le ayudas a aceptar sus emociones y así se desvanecerán.

  - ➔ No le digas a tu hijo cómo debe sentirse, no hay nada más exasperante. Evita decir: «No llores, no es para tanto» o «No seas tan dramática». Simplemente quédate callado y presente.

- ✖ **Evita distraerle para esquivar sentimientos incómodos.** Es más sano darle tiempo para digerir sus sentimientos. Es un proceso necesario. Distraerle solo encubre el problema, pero no arregla nada y puede tener efectos negativos para la salud a largo plazo si aprende a evitar o reprimir sus sentimientos.

- ➔ Evita distraer a tu hijo ofreciéndole una opción más tentadora: «Vámonos al cine y compramos palomitas». Relacionará la solución a la tristeza con la comida o el entretenimiento. Esto no le ayuda a incrementar su capacidad para aceptar esos sentimientos y afrontarlos de forma saludable.

✘ **Evita arreglar las cosas para rehuir las emociones.** Aunque temporalmente te resulte incómodo, tu hijo realmente necesita sentir lo que siente. Cuando lo haces todo por él o resuelves sus problemas, no tiene la oportunidad de enfrentarse a los sentimientos relacionados con los acontecimientos o sus consecuencias.

- ➔ Si tu mascota fallece, evita decir: «No estés triste por Coco, ya conseguiremos otro cachorro». Limítate a acompañar a tu hijo mientras procesa la pérdida. Comparte con él tus propios sentimientos de dolor.

Más ideas sobre cómo ayudar a tu hijo a regular sus emociones en: www.micerebrosoloseconstruyeunavez.com

CUIDA MI CONCENTRACIÓN

> Un trabajo interesante, libremente elegido, que tenga la virtud de inducir a la concentración más que a la fatiga, aumenta las energías y las capacidades mentales del niño y lo conduce al dominio de sí mismo.
>
> **María Montessori**
> (Montessori, 2007a, p. 186)

Si quieres que tu hijo tenga la capacidad de seguir aprendiendo, terminar sus proyectos y amar su trabajo, la clave es que desarrolle la capacidad de concentrarse profundamente e ignorar las distracciones. La concentración es un ingrediente fundamental en la educación Montessori. Las observaciones que hizo María Montessori de niños de diferentes entornos socioeconómicos y países la llevaron a creer que la concentración era el factor más impactante en el desarrollo de la inteligencia y el carácter (Montessori, 2007a, p. 183).

Descubrió que los niños pequeños eran capaces de concentrarse durante largos periodos tras elegir su propia actividad y repetirla una y otra vez, «perdiéndose» en ella. Según Montessori, siempre salían de ese trance tranquilos, alegres, satisfechos y generosos. Llegó a creer que este era el estado normal de los niños y que la concentración era el camino para que regresen a su auténtica naturaleza. Como antropóloga, llamó a este proceso «normalización» y lo consideró el resultado más importante de su método. La transformación del carácter y la conducta era tan marcada que describió la aparición de un «niño nuevo», con gran dominio de sí mismo, capaz de abstraerse profundamente y durante largos periodos, a la vez que mostraba los mejores rasgos humanos de su carácter.

Uno de tus principales objetivos es favorecer el desarrollo intelectual de tu hijo, y para ello debes crear las condiciones que le permitan alcanzar estados cada vez más profundos de actividad concentrada. A Montessori le sorprendió descubrir que niños de tan solo cuatro años, y a veces menores, pueden dedicar largos periodos de atención sostenida en los que se «funden» con el objeto que manipulan y se desconectan del mundo exterior. Montessori señala al respecto: «El nacimiento de la concentración en un niño es un fenómeno tan delicado como la apertura de un capullo en flor» (Montessori, 2007a, p. 247). Proteger y alimentar el desarrollo de la atención de tu hijo es una inversión inestimable. Cada vez que lo ves absorto, necesitas proteger estos momentos tan frágiles. Por lo tanto, tu tarea es doble. Primero, proporcionar materiales y actividades adaptados a los «intereses progresivos» de tu hijo, capaces de captar su atención y de conducir a la atención sostenida y, segundo, proteger estos momentos cuando surgen espontáneamente.

Apoya las decisiones basadas en un interés genuino

Cuando un niño puede elegir la actividad espontáneamente basándose en sus intereses genuinos, es más probable que se dedique a ella durante periodos más largos y alcance niveles más profundos de atención focalizada. Ejercitar la atención conduce a una concentración más profunda. Al principio de su vida, la atención de un niño es muy fugaz; sin embargo, con cada momento de concentración intensa, por breve que sea al principio, el niño se acerca a ser capaz de ignorar las distracciones, suprimir el impulso de actuar ante ellas y alcanzar lapsos de concentración más prolongados. Una vez que los niños consiguen mantener la atención ignorando el mundo exterior, pueden aplicar esta habilidad a otras situaciones. La actividad concreta que capte su atención no importa y probablemente sea impredecible. Puede ser algo aparentemente sencillo, como lavarse las manos. Lo que importa es que la concentración es una habilidad transferible y que, una vez que emerge, verás cómo el niño se transforma ante tus ojos.

Los descubrimientos de Montessori han sido respaldados por la psicología moderna. Como hemos mencionado anteriormente, sus descripciones sobre estados de concentración profunda se asemejan a lo que los psicólogos llaman hoy en día «estado de flujo», según el trabajo del Dr. Csíkszentmihályi (2008).

Intenta

- ✓ **Intenta proteger los momentos frágiles en los que empieza a concentrarse.** Se necesita tiempo y esfuerzo para que tu hijo logre una concentración profunda. Alcanzar este estado es similar al proceso de batir claras de huevo a punto de nieve. La concentración debe ser ininterrumpida para que se produzca la transformación.

  - ➔ Cuando tu hijo está absorto enjabonándose las manos, puede parecer que está perdiendo el tiempo, pero mientras esté concentrado y no desperdicie agua, puedes dejarlo. Verás claramente que está enfrascado percibiendo los detalles de la información sensorial: siente la suavidad del jabón y cómo le resbala la espuma, observa las formas, tamaños y brillos de las burbujas, siente la temperatura del agua, huele el perfume...

- ✓ **Intenta fomentar la repetición.** La repetición conduce a la concentración, estimula el intelecto de los niños y ayuda a consolidar habilidades. Las actividades domésticas son importantes porque exigen esfuerzo y concentración sostenida. Aunque para ti se hayan convertido en algo automático, para tu hijo siguen siendo novedosas y emocionantes, y son ideales para ejercitar su capacidad de concentración.

- ➔ A los niños les encanta pasar la aspiradora. Dales tiempo suficiente para que repitan los movimientos hasta que estén satisfechos. Para ellos, no se trata tanto de lo limpia que quede la alfombra como de desarrollar el autocontrol y la coordinación de sus movimientos.

✓ **Intenta crear un entorno basado en sus intereses.** Sigue los periodos sensibles y los intereses específicos de tu hijo. Elige un nivel de desafío para cada actividad no sea ni demasiado difícil ni demasiado fácil. Ve ajustando el nivel de dificultad de las actividades para que el entorno tenga retos y haya cosas que aún no pueda hacer, y otras que le resulten más fáciles. Mantén su entorno organizado y sencillo, sin demasiado ruido ni distracciones visuales.

- ➔ Un cuadro en su habitación puede invitarle a concentrarse. Puedes rotarlo para mantener su interés. Las paredes abarrotadas distraen.

Evita

✗ **Evita interrumpirle.** Para adquirir la capacidad de permanecer concentrado durante periodos más largos, se requiere tiempo ininterrumpido.

- ➔ Si está tratando de doblar una camiseta puede que tarde veinte minutos en sus pruebas, doblándola, desdoblándola y volviéndola a doblar. Quizá te den ganas de ayudarle, pero espera, está poniendo a prueba su habilidad y muchos procesos internos están sucediendo.

- **Evita llenar su calendario.** Programar demasiado el día de tu hijo no le permitirá disponer de considerables espacios de tiempo para que su atención profundice y se convierta en concentración. Necesita tiempo para enfrascarse en la actividad y así sacarle el máximo partido.
    - ➔ Si llenas demasiado la semana del niño, y eso implica que no tenga lapsos de actividad libre de más de una hora, no podrá alcanzar una concentración profunda, ya que requiere de un tiempo de calentamiento.

CUIDA MI AUTODISCIPLINA

> La naturaleza ha implantado en el niño el impulso de obedecer. Para organizar correctamente la sociedad tenemos que basarnos en este impulso a obedecer, aunque la mera obediencia mecánica no da lugar a una disciplina adecuada. La verdadera obediencia debe elevar al niño y no esclavizarlo.
>
> **María Montessori**
> (Montessori, 2007, p. 93)

Si quieres que tu hijo tenga la capacidad de integrarse y adaptarse a la sociedad, tienes que ayudarlo a encontrar una forma de comportarse virtuosamente que sea sostenible y se alimente desde dentro. Todos los padres desean tener un hijo «bien educado» y obediente. Sin embargo, la disciplina impuesta desde fuera es un espejismo: el niño puede parecer «disciplinado» o «bien educado», pero solo te obedece porque espera una recompensa externa o por miedo. La obediencia genuina es el cumplimiento voluntario de reglas, y va de la mano con el desarrollo del autocontrol.

El autocontrol conduce a la autodisciplina

Debes salvaguardar las decisiones de tu hijo y darle oportunidades para que ejerza su autocontrol. Su capacidad para controlar su conducta y cumplir lo que le pides son el resultado de un largo proceso de maduración provocado por la experiencia, en el que aprende poco a poco a controlar su cuerpo, su mente y sus emociones. Si se muestra torpe, desobediente o se expresa con insensibilidad, suele ser porque está en pleno proceso de maduración. Es muy sencillo: su cuerpo y su mente pueden no estar lo suficientemente refinados como para hacer lo que se le exige o pide (aunque quiera). Si no hay correspondencia entre tu petición y su madurez física, mental o emocional, ninguna súplica o coacción podrá obligarlo a hacerlo. Como sabiamente señaló Montessori, la obediencia es el resultado del desarrollo.

La obediencia externa es un espejismo

Tradicionalmente, se cree que los niños no querrán obedecer las normas a menos que una figura de autoridad los «discipline», ya sea obligándolos o seduciéndolos. Esto no puede estar más lejos de la realidad. Tu hijo tendrá propensión a complacer y ajustar su comportamiento para adaptarse y ser aceptado en su grupo social o para crear armonía. Cuando le pides que obedezca ciegamente, lo pones en una tesitura difícil: se debate entre complacerte para pertenecer o ser fiel a sus impulsos internos. Si haces que su conducta dependa de la obediencia externa, tendrás que imponerla constantemente y romperás el mecanismo natural que da lugar a una fuerte autodisciplina y a una adaptación social voluntaria. Es mejor que apoyes su capacidad de tomar buenas decisiones por razones internas.

La libertad es necesaria para desarrollar una disciplina duradera

Paradójicamente, para obedecer, tu hijo necesita libertad para seguir sus impulsos internos de crecimiento. La libertad para hacer lo que se le antoja no le ayudará; precisa libertad dentro de un entorno preparado para satisfacer sus necesidades de desarrollo, para seguir perfeccionando y controlando sus movimientos, impulsos, palabras y emociones. Cuanto más practique la toma de decisiones, más desarrollará el autocontrol al comprender las consecuencias de hacer algo y de no hacerlo. Cuanto más puedas guiarlo hacia el autocontrol a través de un equilibrio entre libertad y límites y cuanto más le permitas practicar, menos necesitarás imponer disciplina externa. Es más eficaz invertir tu energía en apoyar su desarrollo para que pueda hacer cada día más cosas y controlarse mejor. Este proceso solidificará su fuerza de voluntad.

Recuerda que la obediencia está relacionada con la madurez interna, que es un proceso largo que hay que apoyar y, a veces, guiar: dándole opciones, mostrándole y practicando tus costumbres sociales y estableciendo límites para ayudarlo a entender e interiorizar las normas sociales.

Intenta

- ✓ **Intenta ofrecer trabajo para practicar el control de su cuerpo.** En lugar de pensar que tu trabajo es controlar a tu hijo y sus acciones, ofrécele actividades y oportunidades para que desarrolle indirectamente el autocontrol. Redirígelo hacia algo productivo.

- ➔ Si tu hijo corre desbocado y no atiende a razones, lee su comportamiento (puede estar sintiendo una necesidad incontenible de moverse). Encárgale un gran trabajo con un objetivo claro y alguna responsabilidad que requiera movimientos y atención más ordenados, así canalizará su energía hacia una actividad productiva. Puedes proponerle que limpie una ventana o cargue un paquete grande.

✓ **Intenta mantener tus estándares altos.** Cree en el potencial de tu hijo. Si le das la oportunidad, es probable que pueda hacer más de lo que esperas. Sé realista con tus expectativas. No rebajes tus estándares, fíjalos y confía en que tu hijo los seguirá. Encuentra un punto medio entre la libertad y los límites.

- ➔ Si tu hijo se divierte desenrollando el papel higiénico, en lugar de regañarle, aprovecha la oportunidad y enséñale a enrollarlo de nuevo y deja que termine la tarea mientras tú confías en él y te vas. Ten paciencia, puede que requieras varios intentos. En este caso, es una forma barata de que tu hijo aprenda a coordinar sus movimientos y a responsabilizarse de sus acciones. Después puedes reciclarlo o utilizarlo para otro fin.

Evita

✗ **Evita estancarte en el comportamiento actual.** Tu hijo irá más allá de sus límites. Recuerda que su comportamiento actual es transitorio. Está midiendo situaciones y consecuencias por ensayo y error para progresar y forjar su brújula interior. No lo etiquetes ni a él ni a sus actos con palabras sentenciosas. En particular, no lo juzgues como persona. Habla con él de su comportamiento y de cómo perjudica o afecta a los demás, y así entenderá y modificará sus acciones voluntariamente

- ➔ Si tu hijo le pega a alguien, evita pensar en él como «malo» o «travieso». Céntrate en hacerle entender que golpear hace daño a los demás. Puedes simplemente establecer el límite diciéndole: «No pegamos; pegar hace daño».

× **Evita corregir a tu hijo delante de los demás.** Tu hijo valora la pertenencia y por eso se bloqueará o se pondrá a la defensiva si pierde la compostura delante de los demás. Corrígele en un momento neutro en el que estén los dos solos. Es más respetuoso y también da mejores resultados.

- ➔ Cuando tu hijo mastique con la boca abierta delante de tus invitados, déjalo en ese momento. Más adelante, cuando estén solos, enséñale cómo se mastica con la boca cerrada y háblale de las razones por las que lo hacemos así en nuestra sociedad (nos resulta desagradable ver la comida masticada en la boca de los demás).

EN RESUMEN

Uno de los trabajos más difíciles que tenemos como padres es no bloquear el potencial de nuestro hijo. Muchos lo hacemos, aun teniendo buenas intenciones porque lo que necesitan no es visible ni tampoco es inmediatamente visible cuando lo obstaculizamos. Para optimizar los resultados a largo plazo hay que respetar sus tendencias naturales, en particular sus elecciones espontáneas, su comunicación libre y su concentración. Esto se puede llevar a cabo invirtiendo nuestro tiempo en fomentar ciertos procesos que en un principio son como plantas frágiles en un invernadero:

- **Cuida su motivación interior** y dale a tu hijo la libertad de seguir sus impulsos de aprendizaje en un entorno bien preparado y comprobarás que los premios y los castigos se vuelven innecesarios, ya que el niño se autodirige automáticamente. Esto le permitirá desarrollar su capacidad para mantenerse motivado, guiar su propio aprendizaje y ser responsable de sus actos y palabras sin presiones externas. Hay dos formas de vivir en sociedad y cumplir sus normas: dejarse llevar por incentivos externos, como figuras de autoridad o miedo al castigo, o adoptarlas voluntariamente, impulsado por incentivos internos. Estos últimos son los ciudadanos más responsables.
- **Cuida su autocontrol** y con el tiempo, tomando pequeñas decisiones, tu hijo adquirirá la habilidad de controlar su cuerpo y su mente. El autocontrol se desarrolla con la actividad. Cuanto más practique, más dominio tendrá de sus actos, palabras y emociones. Desarrollar el autocontrol es crucial, ya que está directamente relacionado con la fuerza de voluntad, que es la capacidad de decidir hacer algo o no y de perseverar.
- **Cuida sus emociones**, ya que todas, agradables y desagradables, son igualmente válidas. Precisa aprender a gestionar, a ser capaz de navegar por el espectro que va de la alegría a la tristeza, de la calma a la preocu-

pación, de la seguridad al miedo. Aprender a regular las emociones difíciles y su origen (las necesidades) es un largo proceso de aprendizaje para él, necesita sentir todas y aprender sus nombres para poder regularlas. De lo contrario, corre el riesgo de ser emocionalmente inmaduro y crear sufrimiento para sí mismo y para los que le rodean.

— **Cuida su concentración** protegiendo las actividades que atraen su atención; probablemente se ajusten bien a sus necesidades de desarrollo. Si lo interrumpes cuando está absorto en algo, se frustrará, se desinteresará o, incluso, se molestará; mientras que si puede mantener la concentración, seguirá tranquilo. Con el tiempo y la repetición conseguirá una gran capacidad para concentrarse ignorando las distracciones. Cuanto más pueda hacerlo, más saldrá a la superficie su buen carácter. La capacidad de concentración será la base de sus futuros logros académicos y no académicos.

— **Cuida su autodisciplina** porque, paradójicamente, es a través de la libertad y no de la coacción, como tu hijo la desarrolla, igual que su capacidad de obedecer. Cuando tiene libertad para ejercitar sus habilidades es cada vez más capaz de controlarse a sí mismo. Tus esfuerzos por guiarlo y darle libertad ahora son una inversión para el futuro. Una vez que adquiera autodisciplina tu labor como padre orientador habrá terminado, ya que será capaz de asumir la responsabilidad de sus decisiones y de enfrentarse a las tentaciones de la vida por sí mismo. La obediencia debe ser la adhesión voluntaria a las normas sociales y es el pegamento de una sociedad armoniosa.

SECCIÓN III
EN PRÁCTICA

En esta sección ponemos en práctica los métodos propuestos, profundizando, ampliando y ejemplificando los conceptos. Tu objetivo es colaborar con tu hijo. Si te alineas con su biología y comprendes lo que busca y por lo que está pasando, no necesitas coaccionarle para que haga cosas ni pelearte con él. Este conocimiento te permite ir con la ola de su desarrollo, no contra ella.

A medida que tu hijo se construye a sí mismo necesita de tu colaboración. Guiarlo de forma respetuosa cuando se requiera no solo beneficia su desarrollo, sino también la relación, ahora y a largo plazo. Obsérvale y busca soluciones a sus problemas con él. Tienes más poder y perspectiva que él, utilízalos sabiamente y siempre para apoyarle a seguir adelante. Dale opciones y respeta su voluntad, así colaborará más gustosamente contigo. Este enfoque eliminará la necesidad de forzarle y con el tiempo se convertirá en un hábito de colaboración. Estar de su lado no significa no poner límites, puedes ser firme con su horario habitual de acostarse y, a la vez, ser empático con él cuando protesta, recordándole que su cuerpo necesita descansar lo suficiente.

Abordar las cosas como si fueran un equipo que busca los mismos objetivos fortalece su relación porque estará basada en la confianza mutua y evitará la manipulación. En cambio, cuando te impones de forma jerárquica, solo crearás resistencia u obediencia ciega. Trata a tu hijo de modo que le inspire confianza; por ejemplo, sé abierto y no juzgues cuando te comunique algo. Aprenderá que valoras la verdad y no tendrá miedo de ser sincero. Estás sentando las bases de una relación duradera hasta la adolescencia y más allá. Quieres que tu hijo se sienta seguro y confíe en ti. Cuanto más sólida sea su relación, más fácil será todo.

El principal objetivo que tenemos como padres es guiar a nuestros hijos en su camino hacia la autonomía, la integración social y un interés duradero por el aprendizaje. Guíale con empatía y humildad. Respeta quién es y déjate llevar por sus necesidades evolutivas. Sé un padre o madre presente y establece límites claros y coherentes con amor. Educar bien a los hijos desgasta, ya que requiere esfuerzo a todos los niveles, pero puede y debe ser una experiencia extremadamente agradable y satisfactoria.

AYÚDAME CON MIS NECESIDADES FÍSICAS

DÉJAME DESCANSAR

> Durante el día, nuestros cuerpos se ocupan principalmente de los asuntos de la vida, gastando energía en la actividad motora y las funciones cognitivas. Cuando dormimos, nuestro cuerpo pasa al modo de mantenimiento y se dedica a almacenar energía, reparar o sustituir células dañadas y crecer, mientras nuestro cerebro limpia toxinas, procesa las experiencias del día y, a veces, trabaja en problemas que han ocupado nuestra mente despierta.
>
> **Alex Pang**
> (Pang, 2018, p. 140)

El cerebro en reposo es un cerebro activo. El cerebro y el cuerpo de los niños crecen a un ritmo vertiginoso. La actividad cerebral, en particular, gasta enormes cantidades de energía metabólica, por lo cual los niños requieren tantas horas de sueño, especialmente en la primera infancia y la adolescencia temprana. Cuando descansan, están reponiendo su combustible. Durante el sueño se producen otros procesos como la integración y consolidación de las experiencias vividas durante el día —críticas para el aprendizaje y la memoria— y la reparación física a nivel celular. Por lo tanto, la cantidad y la calidad de su sueño son cruciales para un desarrollo sano. Establecer una rutina regular al respecto ayuda al reloj biológico del cuerpo de los niños y facilita la restauración fisiológica y el aprendizaje (Camacho *et al.*, 2020).

Un buen sueño nocturno y las siestas son esenciales para los niños pequeños. Igualmente importantes, pero menos obvio, son los periodos de descanso espontáneo a lo largo del día. Si observas atentamente, te darás cuenta de que tu hijo tiene ritmos naturales de actividad y reposo. En esos momentos de inactividad, es probable que esté resolviendo preguntas no resueltas en su mente, teniendo ideas creativas. Los periodos de «descanso» son oro para integrar experiencias, relacionar conceptos y crear nuevas memorias. Respeta el descanso de tu hijo: se está recuperando o dando sentido al mundo que le rodea. No pienses que está perdiendo el tiempo, al contrario, está estableciendo conexiones valiosas. Permite que tu hijo regule sus niveles de energía. No te dejes llevar por el ritmo de la sociedad, que se enfoca excesivamente en rendimientos y horarios frenéticos.

Intenta

✓ **Intenta respetar los momentos espontáneos de quietud y descanso.** Tu hijo necesita descansar, sobre todo después de una actividad intensa. No solo cuando corre necesita sentarse o relajarse, sino también después de hacer esfuerzos mentales.

→ Cuando tu hijo termina de armar un rompecabezas, puede parecer que está distraído. Aunque parezca que no está haciendo nada, lo más probable es que su cerebro esté trabajando duro para procesar lo que aún no comprende o lo que acaba de aprender.

✓ **Intenta ofrecer actividades que impliquen movimientos automatizados.** Estas actividades son relajantes. El estado mental al hacer movimientos repetitivos se asemeja a la meditación: la mente se libera para divagar y resolver enigmas o tener nuevas ideas.

➔ Los niños disfrutan mucho lavando platos, desgranando legumbres o desenredando bolas de lana.

Evita

✗ **Evita romper las rutinas.** Un horario regular (tanto en horas de dormir como de comer) ayuda a tu hijo a autorregularse y a dormir las horas con la calidad de sueño que necesita. El contacto contigo antes de dormir (abrazos, leerle, contarle un cuento) le tranquiliza. Las pantallas electrónicas tienen el efecto opuesto, especialmente en la hora anterior a irse a la cama, evítalas.

➔ Cuando tu hijo se acueste más tarde de lo que acostumbra, prepárate para su mal humor al día siguiente. Vuelve al horario habitual lo antes posible.

✗ **Evita sobreprogramar actividades.** Tu hijo necesita tiempo para relajarse de forma natural antes de pasar a la siguiente actividad. A veces, realizar menos actividades es más productivo, ya que el niño tiene tiempo de digerir sus experiencias en lugar de sentirse sobreestimulado.

- ➔ No es necesario que asista a varias actividades extraescolares a la vez, como un deporte, una clase de manualidades y un idioma extranjero. Elige una que realmente le interese. Ofrécele opciones, pero no lo influencies. No te sientas presionado por lo que hace todo el mundo a tu alrededor.

EN RESUMEN

Durante los primeros años de tu hijo, el sueño nocturno y el descanso durante el día son importantes para consolidar conocimientos, así como para su crecimiento cerebral y físico. Piensa en el sueño y en el descanso de calidad como en un alimento, tan esencial como la alimentación saludable o el aire limpio. Respeta sus ritmos naturales de sueño y mantén las rutinas y lugares habituales donde duerme en la medida de lo posible. Recuerda que mientras tu hijo descansa su cerebro trabaja.

DÉJAME MOVERME

> El movimiento, la repetición y la memoria están relacionados: bailar, caminar e, incluso, saltar pueden ayudar a que los conceptos difíciles se nos queden grabados en la cabeza.
>
> **Susan Greenfield**
> (Greenfield, n. d.)

Los científicos han demostrado que el movimiento y la cognición van de la mano: el movimiento favorece el pensamiento (Whittle *et al.*, 2014). A medida que los niños mueven las distintas partes de su cuerpo se refuerzan las conexiones entre su cerebro y sus músculos. Poco a poco, este va dominando el control y la coordinación de sus movimientos. Es la acumulación de pequeños retos lo que fortalece sus músculos, crea mielina alrededor de sus nervios y coordina su sistema nervioso y musculoesquelético. Estos procesos no pueden acelerarse. Al principio, no podrá controlar su cuerpo a voluntad; esto sucede con el tiempo y la maduración.

El impulso de los niños por moverse es una necesidad de desarrollo. Les encanta mover objetos pesados, como muebles pequeños, o llevar cosas de un sitio para otro. Si observas atentamente, reconocerás los momentos en los que tu hijo es más intencionado en sus movimientos, repitiéndolos sin cesar y buscando precisión hasta que los domina. Cuanto más intencionada y desafiante sea su actividad (como llevar un vaso de cristal lleno de agua), más deliberados serán sus movimientos y mayor será su concentración.

Controlar el movimiento también significa abstenerse de moverse a voluntad. Paradójicamente, los niños primero tienen que aprender a moverse de forma controlada antes de poder ordenar a su cuerpo que no se mueva y que se quede quieto. Por eso, es posible que tu hijo no pueda obedecerte cuando le pides que se quede quieto, aunque él lo desee. Su cuerpo y su cerebro aún no están biológicamente preparados. Su fuerza de voluntad se construye lentamente a través de experiencias que le desafían a organizar sus movimientos de manera controlada.

INTENTA

✓ **Intenta pensar en el movimiento como algo beneficioso.** Permite que camine y se mueva por sí mismo siempre que sea posible. Los días están llenos de oportunidades para que se mueva de distintas maneras tanto dentro como fuera de casa.

➔ Deja que tu bebé intente alcanzar las cosas (en vez de automáticamente dárselas tú). Tómate el tiempo suficiente para que tú y tu hijo puedan caminar en lugar de utilizar el carrito o llevarle en brazos. Deja que intente trepar por sí mismo. Deja que se alimente y se vista solo.

✓ **Intenta invitarle a moverse con mayor precisión.** Incluye a tu hijo en tareas domésticas reales. La actividad intencionada le motiva a controlar sus movimientos (tanto finos como gruesos) y alcanzar la precisión. Enséñale los entresijos del uso de los utensilios.

➔ Tu hijo necesita practicar movimientos amplios como limpiar los cristales con una esponja o fregar la mesa de la cocina, y también movimientos finos como untar mantequilla en el pan o enhebrar una aguja. Es importante que pueda mover todo el cuerpo de forma intencionada como cuando hace equilibrios en una viga o camina sobre una línea en el suelo.

✓ **Intenta invitarle a dejar de moverse un momento.** Verás que tu hijo ha alcanzado el máximo control de sus movimientos cuando pueda estar quieto o en silencio a voluntad. Es un proceso largo y necesita practicar mucho para conseguirlo. Los juegos tradicionales que le retan a estar quieto y los cuentos con pausas de suspense son una buena forma de invitarle a alcanzar el objetivo final de controlar la quietud y el silencio a voluntad.

- ➔ Juega con él al juego de las sillas musicales o al de las estatuas de marfil.[10] Cuéntale cuentos y alarga las pausas en los momentos tensos de la trama mientras lo miras. Canta canciones que le inviten a hacer pausas de unos segundos como *Los conejitos dormilones*, donde la música para unos momentos, invitándole a la quietud.

Evita

- ✘ **Evita reprimir su tendencia a moverse.** Es imparable. Tu hijo no puede desarrollarse correctamente sin moverse. Este es su trabajo, dominar el control del movimiento de todos sus músculos a voluntad.

  - ➔ Aunque la mesa esté limpia, tu hijo la limpiará encantado muchas veces más. Su propósito no es tanto quitar las manchas, sino concentrarse en sus movimientos y perfeccionarlos.

- ✘ **Evita obligarle a estar quieto y callado.** No le pidas o, peor aún, obligues a estar quieto por periodos de tiempo cuando no está biológicamente preparado (es contraproducente). El niño se resistirá porque va en

10 Estos juegos tradicionales varían de país a país, pero todos requieren que el niño pase del movimiento a la quietud por unos momentos, ya sea siguiendo la música y el silencio o en respuesta a alguien que se gira y mira.

contra de su naturaleza. Si quieres que tu hijo sea capaz de estar quieto, empieza por darle oportunidades de moverse con precisión y poco a poco lo conseguirá.

- ➔ Cuando te encuentres en un lugar en el que no sea sensato que tu hijo corra de un lado a otro, rétale con otra actividad en la que pueda centrarse únicamente en mover las manos o las piernas siguiendo instrucciones verbales como «Simón dice...». De esta manera, estarás redirigiendo su necesidad de moverse hacia algo que puede hacer, sin reprimirla.

- ✗ **Evita preocuparte en exceso por las cosas que pueden estropearse.** En lugar de restringir a tu hijo, prepárale un entorno en el que pueda moverse con seguridad y libertad. Esto no significa que todo tenga que ser de plástico y resistente a todo. Necesita objetos frágiles que se puedan romper, para aprender a cuidar de las cosas y moverse con precisión. Puede que rompa algún objeto de vez en cuando. Asegúrate de que no sea demasiado valioso.

    - ➔ Guarda el jarrón familiar irremplazable. Coloca las cosas que usa tu hijo a su alcance para que pueda moverse libremente.

EN RESUMEN

Uno de los objetivos finales de esta etapa de desarrollo es aprender a perfeccionar sus movimientos y a coordinar y controlar su cuerpo siguiendo las instrucciones de su mente.

Cuantas más oportunidades tenga para practicar deliberadamente el control de su cuerpo, antes será capaz de hacerlo a voluntad o de no hacerlo. Cuando aprende a moverse o a restringir sus movimientos, ejerce el autocontrol. Esta capacidad física está relacionada con el desarrollo de la fuerza de voluntad.

DÉJAME SENTIRME UNO CON LA NATURALEZA

> Nadie protegerá lo que no le importa, y a nadie le importará lo que nunca ha experimentado.
>
> **David Attenborough**

La naturaleza es el «entorno preparado» por excelencia para que los niños aprendan sobre el mundo. Son observadores innatos y disfrutan interactuando con entornos naturales. Sus sentidos se agudizan y absorben impresiones visuales, olfativas, auditivas y táctiles. Tienen una necesidad profunda de esta conexión íntima con la naturaleza, lo cual les ayuda a crecer más sanos (McCormick, 2017). Cuando los niños se sienten en unión con la naturaleza, experimentan una sensación de bienestar y armonía.

Los niños tienen un gran interés por todo lo natural (a menos que se hayan acostumbrado demasiado pronto a las pantallas). A través de interacciones gratificantes, tu hijo se enamorará de los animales, las plantas, las flores, los bosques y el mar. Hay investigaciones que demuestran que estar en la naturaleza es una necesidad humana básica, esencial para la salud y el equilibrio. Somos naturaleza. Cuando nos alejamos de ella se producen desequilibrios físicos y psicológicos. Muchos científicos, como el Dr. Gabor Maté (Maté & Maté, 2022), creen que la causa fundamental del alarmante aumento de las epidemias crónicas en la salud física y mental es la creciente desconexión de nuestra cultura con el mundo natural.

Tu hijo asimilará y copiará las formas con las que la gente de su cultura ha aprendido a sobrevivir y vivir en la naturaleza, al igual que a respetarla o no. Sus primeras experiencias pueden tener el poder de inculcarle un sentimiento de agradecimiento y respeto por la naturaleza como su hogar. Cuanto más conectado esté tu hijo con ella, más la amará y más inclinado se sentirá a cuidarla y a respetarla. Esto le llevará a preservar el medioambiente de por vida. Por desgracia, lo contrario también es cierto: puede crecer viendo a la naturaleza como algo separado de él y desarrollar una mentalidad en la que se sienta con derecho de abusar de ella para beneficio humano. Solo puede cultivar una mentalidad ecológica a partir de los hábitos y experiencias cotidianas que vive. En la temprana infancia todas estas influencias se están absorbiendo y forman su personalidad y su hábitos.

Intenta

✓ **Intenta fomentar una conexión personal con los hábitats naturales que te rodean.** Si vives en un entorno urbano, lleva a tu hijo a la naturaleza. Necesita experimentar directamente las flores, los árboles y los animales. Crea oportunidades para vivir experiencias trascendentales en la naturaleza que creen recuerdos agradables y duraderos.

- ➔ Deja que tu hijo meta los pies en un arroyo mientras croan las ranas. Tómate tu tiempo para contemplar juntos la puesta de sol, mirar las olas, tirar piedras al lago y observar sus ondulaciones. Contemplen las estrellas por la noche. Ten plantas en casa y enséñale a cuidarlas. Cultiva verduras o plantas aromáticas (en una maceta o jardinera). Si es posible, consigue una mascota.

✓ **Intenta ayudarle a ampliar sus conocimientos sobre el mundo natural.** Atiende los intereses espontáneos de tu hijo hacia la naturaleza con historias. Enséñale los nombres y las características de los seres vivos y los entornos en que se encuentre.

➔ Si siente curiosidad por las abejas, puedes hablarle de la abeja reina y de cómo todas colaboran tanto y tan sincronizadamente que a veces se dice que toda la colmena es un solo animal.

Evita

× **Evita controlar su experiencia con la naturaleza.** Deja que tu hijo guíe sus propias exploraciones. Dale tiempo y espacio para que experimente su asombro instintivo ante la belleza de la naturaleza mientras descubre sus detalles por primera vez. No obstante, redirígele si daña árboles, plantas o animales. Fomenta tus valores de respeto y te imitará. Como siempre, asegúrate de que el entorno sea seguro para él.

➔ Deja que tu hijo sea libre en espacios naturales seguros, que trepe por troncos caídos y se revuelque en la hierba o que pise un charco fresco y meta los pies en barro limpio.

- **Evita que el clima estropee las salidas.** No dejes que el mal tiempo anule sus salidas, ayúdale a aprender a cuidarse en todo tipo de condiciones meteorológicas. No existe el mal tiempo, solo existe ropa inadecuada (salvo en condiciones extremas que pongan en peligro la vida).
    - ➔ Necesita experimentar la lluvia, la nieve, el sol y el viento para conocerlos y respetarlos.

EN RESUMEN

A través de la convivencia y de experimentar el mundo natural, tu hijo aprenderá a amarlo y se sentirá inclinado a cuidarlo. Si le permites experimentar la naturaleza desde pequeño y le enseñas a cuidarla y respetarla, se convertirá en parte de su personalidad. Desarrollará una nueva conciencia respetuosa y se convertirá en un ciudadano con conciencia ecológica que aprecie el planeta.

AYÚDAME CON MIS NECESIDADES PSICOLÓGICAS

VÍNCULO

DÉJAME SENTIR TU ATENCIÓN Y TU AMOR

> Somos mamíferos sociales y nunca podríamos haber sobrevivido sin un contacto humano profundamente interconectado e interdependiente. La verdad es que no puedes amarte a ti mismo a menos que hayas sido amado y seas amado. La capacidad de amar no puede construirse en el aislamiento.
>
> **Bruce Perry**
> (Perry & Szalavitz, 2007, p. 262)

Decirle a tu hijo «te quiero» no basta para que se sienta querido. Se siente querido por cómo le tratas y te relacionas con él. El amor se expresa a través de acciones concretas en pequeños momentos. Todas estas interacciones contribuyen a que se sienta realmente querido o no. El sentimiento de «amor» se construye a través de la conexión, la aceptación, la inclusión, la empatía y lo que es más importante, la presencia y la atención sinceras. Tu presencia empática y tu atención plena satisfacen las necesidades de tu hijo como ninguna otra cosa puede hacerlo. Mirarlo a los ojos, tus abrazos, tus sonrisas y tu afecto son alimento para su cerebro. Tus muestras de amor no solo le llenan de alegría en el presente, sino que también fomentan la sensación duradera de que es querido y está seguro. Tus palabras amables, tu comprensión y tu aceptación le ayudan a sentir que importa y que es valorado.

A veces hay una disparidad entre tus intenciones de quererle y el efecto que tus acciones o palabras tienen sobre él y cómo las interpreta. Si le dices a tu hijo «te quiero» todas las noches mientras le acuestas, pero tienes la costumbre de estar al teléfono la mayor parte del día, es poco probable que esas palabras tengan tanto peso como la impresión que ya creó durante el día de «ser desplazado» o «ser rechazado». La suma de tus acciones ese día no se traduce en una sensación fiable de «ser querido». A pesar de tus buenas intenciones, es probable que tu amor no llegue a transmitirse. Lo que dices y haces, cómo lo dices y cómo lo haces, así como lo que no haces y no dices, es lo que le dará una idea de lo que sientes por él.

También es fácil caer en la trampa de pensar que el amor significa dar a tu hijo todo lo que desea o permitirle hacer todo lo que quiera. Eso no es amor. Amor significa apoyar su progreso hacia la realización de su máximo potencial. Siente que le importas cuando estás presente y le guías neutralmente. Si permites que tu hijo haga cosas socialmente inaceptables o dañinas solo porque es más fácil que ponerle un límite, frenarás su proceso de adaptación y de socialización. Si no aprende a enfrentarse a los límites, le será más difícil entablar relaciones sociales a largo plazo.

Puedes tener una energía cariñosa, incluso, cuando le guías poniendo límites, siempre que lo hagas con calma, respeto y sin usar tu poder para forzarlo. Aquí es donde resulta práctico creer en su potencial y confiar en que su mejor naturaleza se manifestará con el tiempo; te mantiene conectado a tus sentimientos de amor hacia él. Cada vez que le acojas con calidez, tu hijo se sentirá libre para ser él mismo y comunicarse con honestidad. Estará menos tentado de ocultar cosas o mentir cuando cometa «errores». Demostrar tu amor es un enfoque infalible que le proporciona seguridad y una base sólida desde la que crecer y explorar.

Tus cuidados y tu amor tienen mucho impacto. Es la manera de ayudarle a crecer sano y resistente, evitando muchos daños futuros y sentando las bases para afrontar acontecimientos difíciles.

Intenta

✓ **Intenta estar presente y disponible para conectar.** Tu hijo necesita tu atención genuina y sentir que estableces un vínculo con él. Precisa ser escuchado y comprendido. Ponte en su lugar, imagina el mundo como él lo ve y lo siente y demuéstrale que comprendes su realidad.

➔ Puedes crear momentos regulares en los que tu hijo pueda confiar que estarás disponible para él con plena presencia, por ejemplo, a la hora del baño, de camino al colegio, compartiendo la comida, etc. Haz que estos momentos cuenten realmente como tiempo de calidad y de unión. Es fácil distraerte y no prestarle la atención que merece; opta por dejar a un lado tus preocupaciones cotidianas y dale toda tu atención.

✓ **Intenta demostrar a diario que le quieres**. Dedica tiempo en los momentos ordinarios para demostrarle que te importa profundamente y que sientes afecto por él. Busca acciones que transmitan eficazmente la sensación de que le quieres. Es muy importante que se lo digas, pero por mucho que lo menciones no podrás compensar tu falta de atención, falta de aceptación o, incluso, acciones dañinas.

- ➔ Planifica cinco minutos más por la mañana para despertar a tu hijo de forma menos brusca. Haz el esfuerzo de conectar a un nivel más profundo a través de bromas, abrazos o lo que te parezca adecuado. Los niños recuerdan estos pequeños momentos y sienten profundamente tu amor.

Evita

- ✘ **Evita el abandono en cualquiera de sus formas.** Dale suficiente atención, ofrécele más cercanía o apoyo. Evita sustituir el tiempo de calidad juntos por objetos materiales.

  - ➔ Si siempre eliges el trabajo, los amigos o ver las noticias en lugar de estar con tu hijo, su relación no prosperará. Su comportamiento lo demostrará. Necesita tiempo para jugar y estar contigo cuando puedas prestarle atención de verdad.

- ✘ **Evita consentirle dándole todo lo que quiera.** Lo que favorece el crecimiento de tu hijo es que le ayudes a cubrir sus necesidades reales, no que cumplas todos sus deseos. No seas demasiado permisivo. Evita pensar que poner límites significa no quererle. Al contrario, los límites le ayudan a sentirse seguro y a entender y orientar sus acciones hacia el respeto.

- ➔ No permitas que tu hijo se dirija de manera irrespetuosa a sus abuelos, se sienta como se sienta en ese momento. Tiene que entender que todo el mundo merece ser respetado, incluso si no se está de acuerdo con ellos, y que se puede compartir la opinión propia y establecer límites de forma respetuosa.

EN RESUMEN

Tu hijo sentirá tu amor incondicional a través de tus acciones concretas. Tratarle con cariño, respeto y fomentar la cercanía son los elementos más importantes de su educación. Recuerda que sus primeras experiencias sociales crearán el modelo de sus relaciones futuras. También recuerda que sentirse seguro, acompañado y amado son necesarios para un desarrollo cognitivo óptimo. Como padre moderno tienes un nuevo reto: la tecnología hace que sea fácil descuidar o malcriar a un hijo, incluso en contra de tus mejores intenciones. Lo que necesita de ti es que estés presente de forma activa y consciente.

REPAREMOS LAS RUPTURAS

> La reparación es una experiencia interactiva que suele comenzar con el propio proceso de centrarse del padre. Es extremadamente difícil para el padre hacer reparaciones si todavía está enfadado. Solo desde [una] postura consciente y centrada puede el padre comenzar el importante y necesario proceso de reconexión.
>
> **Daniel Siegel**
> (Siegel & Hartzell, 2005, p. 227)

Es humano e inevitable que tú y tu hijo se enojen. Lo que importa es cómo lo gestiones. Para el bienestar y el desarrollo sano de tu hijo es imprescindible que vuelvan a sentirse unidos después de cada enfado. También es normal que sienta angustia o inseguridad si percibe que la conexión entre ustedes se rompió. Tus palabras adquieren una dimensión diferente cuando tu hijo es pequeño porque no tiene tu noción del tiempo ni suficientes experiencias de reconciliación. Es fácil que piense que las tensiones o los disgustos significan que la relación se ha acabado para siempre o que no le quieres. Además, cuando es pequeño, tiene una perspectiva egocéntrica del mundo y tiende a verse a sí mismo como la causa de los acontecimientos. Tendrá tendencia a sentirse culpable con mucha facilidad. No creas que le estás dando una lección dejando que la ruptura continúe, puede ser una experiencia traumática.

Es esencial que tomes la iniciativa para reparar las desconexiones entre ustedes o, incluso, las heridas físicas y emocionales, si las ha habido. El impulso que siente tu hijo por conectar y pertenecer es muy fuerte y, cuando el vínculo se rompe, tenderá a sacrificar su identidad para complacerte y cumplir tus deseos. Por encima de todo, los niños necesitan amor incondicional. El amor nunca debe estar en la mesa de negociación. No tengas miedo de perder autoridad en el proceso de reconciliación. Es humano y reconfortante para los niños saber que nadie es perfecto, ni siquiera sus padres. Los niños son por naturaleza muy generosos y no guardan rencores, y durante la primera infancia, las reconciliaciones suelen ser fáciles de conseguir. Estas experiencias de restablecer la relación no solo son saludables para tu hijo ahora, sino que forman su cerebro y crean los patrones que seguirá cuando se relacione con los demás en el futuro. Está aprendiendo un modelo de vinculación sana.

Intenta

- ✓ **Intenta ser humilde, arregla las rupturas.** A veces tus acciones serán impulsivas y tendrán consecuencias no deseadas y perjudiciales para tu hijo u otras personas. En lugar de avergonzarte de tu reacción, ignorarla o esconderla, tómala como una oportunidad para reconectar y responsabilizarte de tu parte en ella. Discúlpate con humildad. Será una lección de vida para tu hijo.

    - ➔ Si se acerca a la calle para cruzar y le gritas, tómate el tiempo necesario para explicarle después, con calma, que la razón por la que levantaste la voz fue porque temías que le pasara algo y necesitabas asegurarte rápidamente de que no cruzaría.

- ✓ **Intenta cultivar cercanía en la relación.** Acostúmbrate a solucionar todos los malentendidos y tensiones. Convierte en un hábito el disculparse y hablar de sentimientos y necesidades. Comprométete a no irte a la cama disgustado.

    - ➔ A veces, el «no» constante de tu hijo te irritará. Si pierdes la paciencia y dices algo desagradable, tómate tu tiempo para expresar tus sentimientos y hacer las paces. No acumules malos sentimientos, mejor resuelve las cosas hasta que vuelvan a sentirse bien el uno con el otro.

Evita

- **Evita culpar a tu hijo de tus sentimientos.** Sé responsable con tu lenguaje y no proyectes tus sentimientos en tu hijo. Observa tu interpretación de lo que ha dicho o hecho y ponlo en perspectiva. Culparle de tus sentimientos tiene un costo muy alto y consecuencias a largo plazo sobre cómo se percibe a sí mismo.

    - Si tu hijo te dice que te odia después de haber puesto un límite, sé claro y asume tus sentimientos. De lo contrario, tus emociones y las suyas se enredan. Evita empezar las frases con: «Me haces sentir...» y, en su lugar, expresa el hecho y tus emociones al respecto, independientemente de tu hijo: «Cuando te oigo decir que me odias (hecho) me siento herido (emoción)».

- **Evita hablar o reaccionar cuando las emociones son intensas.** Cuando las emociones (las tuyas o las del niño) están a flor de piel, la irracionalidad se apodera de la situación y nadie puede pensar con claridad, por lo que puedes entrar en una espiral descendente. No dejes que el miedo a perder autoridad o a ser vulnerable te supere. Cuando tú y tu hijo vuelvan a conectar, se recuperará la confianza mutua y tu hijo intentará ser cooperativo de nuevo.

    - Si ves que tu hijo toma un caramelo sin pedirlo, no le digas: «Nunca más podrás comer caramelos». En lugar de exagerar, puedes establecer el límite diciendo: «Los caramelos son para después de cenar», y puedes hablar de ello más tarde, cuando ambos estén más tranquilos.

EN RESUMEN

Cuando muestras tu vulnerabilidad delante de tu hijo y vuelves a reparar las rupturas entre ustedes, te acercas más a él y construyes una relación sólida. Es así como aprenderá a ser honesto y amable consigo mismo y con los demás, y a responsabilizarse de sus comportamientos y palabras.

DÉJAME ESCUCHAR MENSAJES POSITIVOS

> El lenguaje es el conducto a través del cual las personas comparten sus pensamientos e intenciones y adquieren así los conocimientos, costumbres y valores de quienes los rodean.
>
> **Steven Pinker**
> (Pinker, 2003, p. 283)

Tu lenguaje tiene un gran poder sobre tu hijo. Cada una de tus palabras y cómo las dices se graban en su mente porque los niños confían incondicionalmente en los adultos y creen todo lo que les dicen. Tus palabras reflejan tu percepción de él e influyen en la creación de la imagen que tiene de sí mismo. Tus juicios, positivos o negativos, pueden convertirse fácilmente en una autoetiqueta para toda la vida o en una creencia inconsciente que los haga sufrir o triunfar en los años venideros. Las frases que tu hijo oye repetidamente se convierten en su voz interior. Como un disco rayado, tu voz se convierte en su voz interior. Una vez más, tus palabras pueden perjudicar a tu hijo o animarle no solo ahora, sino a largo plazo (Jiang *et al.*, 2021).

Además, los mensajes positivos y una actitud tranquila motivan a los niños a aprender y viceversa. El positivismo les hace sentirse bien. Esto los motiva a hacer más de esas cosas y, por lo tanto, a progresar en una dirección positiva. Por el contrario, los mensajes negativos o las voces altas tienen el efecto nocivo, como hemos visto, de producir un exceso de cortisol y otras hormonas del estrés que reducen la actividad de la corteza prefrontal y, por lo tanto, dificultan el aprendizaje.

Acostúmbrate a cambiar de actitud para subrayar lo positivo y lo que funciona. Celebra lo que tu hijo consigue, en lugar de señalar lo que no puede hacer. No estás ignorando lo que no funciona, simplemente anótalo mentalmente, pronto utilizarás esta información para guiarle y apoyarle para que supere ese problema específico en el futuro. Te vendrán juicios a la mente, pero no ayuda a tu hijo que los expreses en voz alta.

Intenta

✓ **Intenta detectar lo positivo.** Cultiva el hábito de identificar lo que funciona en lugar de lo que no funciona. Destaca sus progresos. Observa sus buenas intenciones. Aprecia y resalta lo que va bien. Esto le anima a seguir en esa dirección.

➔ Cuando se esté cepillando los dientes y notes que se salta las muelas, menciona un aspecto positivo de su cepillado de los dientes delanteros. Invítale a mirarse en el espejo y ver la forma de sus dientes posteriores y, a continuación, muéstrale cómo llegas tú a los tuyos con tu cepillo de dientes.

✓ **Intenta cuidar tu lenguaje corporal.** El lenguaje corporal y las expresiones faciales prevalecen sobre las palabras. Sé positivo con todo tu ser. Los niños captan y absorben tus sonrisas, muecas, el tono de tu voz, tus reacciones corporales, no solo tus palabras. Todo tu lenguaje corporal es retroalimentación pura.

➔ Si le dices que le ayudarás, pero pones los ojos en blanco, percibe tu exasperación. Por desgracia, es probable que deduzca que el problema es él.

EVITA

✗ **Evita verbalizar juicios o etiquetas.** Mantén los juicios en tu cabeza. Trata a tu hijo tan bien o mejor de lo que tratas a otros adultos. Evita pensar que la dureza lo empujará a mejorar o lo hará más fuerte. No es así, podría dañarle psicológicamente.

➔ Basta con decirle una vez: «Eres un pesado» para que se lo crea y actúe como si fuera cierto. Puede convertirse en una instrucción a seguir o en un mensaje interno autodestructivo que le persiga de por vida.

✗ **Evita corregirle.** En lugar de corregir lo que tu hijo aún no puede hacer, mejor apóyale para que supere sus dificultades y muéstrale cómo avanzar. Es más eficaz.

➔ Si aprieta demasiado fuerte el tubo de la pasta de dientes, evita decir: «No, así no se hace». En su lugar, podrías indicarle: «Mira, con apretar suavemente sale la cantidad necesaria para cubrir las cerdas».

EN RESUMEN

Refuerza lo que tu hijo hace bien con tu comunicación verbal y no verbal. Esto le demuestra que valoras sus esfuerzos y que crees en él. Los mensajes positivos le protegerán y le permitirán terminar la infancia con una gran confianza en sí mismo.

DÉJAME SOCIALIZAR

> El desarrollo del cerebro depende de su uso: o lo utilizas o lo pierdes. Si no damos tiempo a los niños para que aprendan a estar con los demás, a conectar, a enfrentarse a los conflictos y a negociar jerarquías sociales complejas, esas áreas de su cerebro estarán poco desarrolladas. Si no les brindamos estas condiciones a través de una red social afectuosa y vibrante, [la empatía] no emergerá plenamente.
>
> **Bruce Perry**
> (Perry & Szalavitz, 2007, p. 268)

Los niños son criaturas gregarias y buscan socializar de forma natural. Sus circuitos cerebrales sociales se consolidan a partir de todas las interacciones y conversaciones que tienen. La variedad de estas los ayuda a desarrollar la autoconciencia, la capacidad de inferir lo que otros sienten y piensan, y a aprender a ser empáticos con los demás. Cuando juegan y hablan con otros lo que hacen es practicar su liderazgo, cooperación y la negociación, todas ellas importantes habilidades para la vida.

La personalidad de tu hijo se está forjando y todo contacto humano le proporciona información sobre sus intentos de relacionarse. Tiene que aprender pronto a jugar y convivir con otros niños, pues así disminuye su probabilidad de ser rechazado. Las experiencias sociales positivas le dan un sentido de pertenencia y el deseo de ser un miembro útil de la sociedad. Cada interacción le ayuda a adaptarse y aprender las costumbres y normas culturales que le rodean.

Intenta

- ✓ **Intenta asegurarte de que se desenvuelve con libertad en diversas situaciones sociales.** Tu hijo necesita muchas oportunidades para relacionarse libre y espontáneamente con diversas personas en circunstancias seguras. Obsérvale a distancia, pero asegúrate de no dejarle solo.

    - ➔ A tu hijo le encanta hablar con la abuela o verte hablar con el bebé del vecino. Llévale al parque, a espacios públicos, así como a eventos más privados donde conozca a gente de distintas edades, orígenes y personalidades.

- ✓ **Intenta ayudarle a aprender a leer su entorno.** Para que tu hijo se oriente socialmente, la comunicación contigo es esencial. A través de tus reacciones, aprenderá a medir cuán seguras son las distintas personas y situaciones. Con el tiempo, aprenderá a confiar en su sentido interno de seguridad y a calibrar lo abierto o cerrado que debe mostrarse en cada circunstancia.

    - ➔ Cuando tu hijo se encuentra con desconocidos, tendrá su propio ritmo de apertura. Puedes ayudarle a interactuar, pero evita forzarle. No le critiques si al principio duda, lo hará cuando se familiarice con la gente y se sienta lo bastante seguro para abrirse. Esta conexión interior es un mecanismo natural de protección.

Evita

- ✗ **Evita contestar por tu hijo.** Si te haces cargo de las oportunidades que tiene tu hijo de hablar y respondes tú en las conversaciones, le resultará más difícil adquirir la confianza suficiente para hablar por sí solo.
    - ➔ Deja que tu hijo intente relatar la divertida situación que vivieron juntos en la calle. Puedes completar los detalles cuando termine para continuar la conversación. Valora su expresión y su esfuerzo por comunicarse con los demás.
- ✗ **Evita juzgar sus predisposiciones a la hora de relacionarse con los demás.** Si tu hijo es muy extrovertido, guíale para que entienda los límites sociales y la seguridad. Si es introvertido, ten paciencia y ayúdale a enfrentarse a los retos sociales poco a poco. No te precipites a etiquetarle.
    - ➔ A veces, las ganas de explorar de tu hijo pueden prevalecer sobre su seguridad. Si tiende a ser parlanchín y a revelar «demasiada» información con facilidad, enséñale los límites de un intercambio seguro y por qué lo que está haciendo podría ser peligroso.

EN RESUMEN

El momento ideal para fomentar la socialización de los niños es desde el nacimiento hasta los seis años, aproximadamente.

Aunque esta seguirá desarrollándose, es de suma importancia sentar unas bases sociales sólidas. Desarrollar las habilidades sociales no es menos importante que aprender a leer o a hacer cuentas. Las primeras interacciones determinarán cómo se ve a sí mismo y cómo interactuará con los demás más adelante. Esto puede tener consecuencias maravillosas o trágicas para sus futuras relaciones tanto íntimas como laborales. Como dice la psicóloga Esther Perel: «La calidad de sus relaciones determinará la calidad de su vida».

DÉJAME APRENDER A INTERACTUAR CON LOS DEMÁS

> Un niño que presta atención, en lugar de ir a la deriva, y sabe jugar y no se queja, y es cómico, sin ser molesto, y es digno de confianza, ese niño tendrá amigos allá donde vaya. Gustará a sus profesores y también a sus padres; si atiende educadamente a los adultos, se le atenderá, se le sonreirá y se le instruirá alegremente. Prosperará en un mundo que puede ser fácilmente frío, implacable y hostil.
>
> **Jordan Peterson**
> (Peterson, 2019, p. 144)

Al principio, los niños no saben cómo actuar socialmente. Puedes darles las claves de cómo comportarse en muchas circunstancias sociales ensayándolas. Por ejemplo, puede practicar ir al quiosco y preguntar amablemente si tienen una revista, saludar a los vecinos y dar las gracias después de pagar. Es una forma divertida de dotar a tu hijo de las habilidades y conocimientos sociales necesarios y de capacitarle para tomar mejores decisiones en el futuro. Lo mejor de todo es que evitas tener que corregirle en la situación misma, lo cual suele desanimarle.

Tu hijo se tomará muy en serio tus orientaciones porque está ávido de lenguaje, de entender el comportamiento social y está aprendiendo a coordinar sus movimientos. Una vez que adquiere las claves para comportarse y hablar de forma socialmente aceptable y respetuosa, está listo para actuar con independencia y dignidad en situaciones nuevas. Hace más de cien años, María Montessori descubrió por casualidad una técnica para poder mostrar cómo comportarse en lugar de corregir sobre la marcha. La llamó «lecciones de gracia y cortesía». Ella cuenta la siguiente anécdota:

> Un día se me ocurrió dar una lección bastante graciosa sobre cómo sonarse la nariz. Después de haber imitado varias maneras de utilizar un pañuelo para este fin, terminé mostrando cómo se puede hacer discretamente, de manera que se haga el menor ruido posible, deslizando el pañuelo para que la acción quede más o menos oculta. Los niños escuchaban y observaban con la mayor atención, y no se reían, y yo me preguntaba cuál podría ser la razón; pero en cuanto terminé, se oyó una ronda de aplausos, como cuando en el teatro una gran actriz provoca una ovación. Entonces sí que me quedé totalmente asombrada. Nunca había oído decir que unos niños tan pequeños pudieran convertirse en un público entusiasmado ni que unas manos tan pequeñas pudieran expresarse con tanto vigor. Se me ocurrió que tal vez había tocado un punto sensible en la vida social de este pequeño mundo. La cuestión que había tratado era una que los niños asociaban con una especie de humillación continua, una burla permanente; siempre se les regaña para que se suenen la nariz. Sin embargo, nadie les había enseñado, sin atacar, directamente cómo debían sonarse la nariz. Deberíamos ponernos en su lugar, o mejor, comprender que los niños son sensibles

a todas las burlas que se vierten sobre ellos y que les dejan un sentimiento de humillación. Una lección como la mía les hacía justicia, los redimía, les permitía elevarse en la vida social. Así fue como tuve que interpretarla porque después, a través de una larga experiencia, descubrí que los niños tienen un profundo sentimiento de dignidad personal y su alma puede permanecer herida, ulcerada, oprimida, de un modo que el adulto nunca hubiera podido imaginar (Montessori, 1996, p. 126).

Intenta

✓ **Intenta modelar una situación que no salió bien.** Invéntate un juego de rol para recrear una situación que no salió bien. Así tu hijo podrá ver cómo realizar la acción o expresar lo que se podría decir en esa situación concreta. Enséñale las claves para tener éxito o estar más seguro la próxima vez. Actuar es más divertido y fácil de recordar.

➔ Si tu hijo abrió la puerta de casa a un desconocido y te has mostrado preocupada por la seguridad, más adelante, busca un momento para hacer un juego de rol. Enséñale a abstenerse de abrir la puerta de entrada, yendo en su lugar a avisar a un adulto de la situación.

✓ **Intenta mostrarle pequeños modales sociales.** Enséñale cómo se llevan a cabo las costumbres de su cultura, cómo dar la mano, descalzarse al entrar en una casa, saludar y despedirse, disculparse, etc. Muchas de ellas las aprenden solos de forma natural, pero siempre se pueden sofisticar.

➔ Puedes recrear, a modo de juego, cómo contestar el teléfono o saludar de distintas maneras.

Después, deja que lo intente a su manera, pero sin expresar tu opinión.

Evita

- ✘ **Evita corregirle en el momento.** Cuando tu hijo haga algo socialmente inapropiado o que pueda molestar a alguien, evidenciarlo puede avergonzarle o hacerle callar. Si no es grave, enséñale a hacerlo en un momento neutro.
  - ➔ Si habla por encima de la gente en la mesa, enséñale a interrumpir educadamente otro día; a buscar una pausa en la conversación y decir algo así como: «Perdón, ¿podrías pasarme la sal?».
- ✘ **Evita forzarle a intentarlo.** Obligarle puede ser contraproducente porque puede hacer que rechace la idea que intentas mostrarle. Simplemente invítale a hacerlo después de que lo hagas tú, a su manera y a su ritmo.
  - ➔ Si le estás enseñando a ofrecer un vaso de agua a un invitado, confórmate con mostrarle cómo podría hacerlo y lo que podría decir, y recuerda que no es grave si no quiere practicarlo hoy, ya lo hará después.

EN RESUMEN

Practicar distintas formas de hablar e interactuar en diferentes situaciones ayuda a tu hijo a aumentar sus habilidades sociales y su facilidad para relacionarse con los demás, ya que lo estará equipando de las herramientas pertinentes para saber qué hacer en diferentes situaciones sociales. Estos juegos de rol que Montessori nombró «lecciones de gracia y cortesía» reducen en gran medida la inclinación de estar constantemente corrigiendo a los niños. Es una herramienta para ayudarles a comprender e integrar las normas sociales y a aceptarlas voluntariamente.

DÉJAME ENCONTRAR LOS LÍMITES

> La libertad del niño debe tener como límite el interés colectivo. Debemos, por tanto, frenar en el niño lo que ofende o molesta a los demás, o lo que tiende a actos rudos o mal educados.
>
> **María Montessori**
> (Montessori, 2007c, p. 77)

Tu hijo quiere integrarse en la sociedad, pero al principio no sabe cómo comportarse. Necesita que le ayudes para que pueda integrarse y adaptarse. Poner límites no es agradable, pero favorece el desarrollo. No te sientas culpable, le estás ayudando. Los niños ponen a prueba los límites, no para ser difíciles, sino para entender cómo funciona la estructura social.

Para poner límites de la manera más eficaz y compasiva, hemos dividido la tarea en tres aspectos que se explican a continuación:

1. Piensa y selecciona tus límites de antemano (y revísalos a medida que el niño crezca).
2. Aplica el límite en el momento, con claridad, neutralidad, positividad y confianza.
3. Después de hacerlo, apártate tranquilo y confía en tu hijo, pero vuelve si necesitas apoyarle más.

PIENSA Y SELECCIONA TUS LÍMITES DE ANTEMANO

Decidir previamente tus límites y normas te permitirá ser coherente, neutro y transmitirlos con confianza y claridad. Piensa anticipadamente dónde están las líneas rojas para ti y mantenlas fijas. Encuentra aquello con lo que te sientas cómodo y que te resulte aceptable. Evita improvisar.

Los límites eficaces son categóricos, coherentes y consistentes, de sentido común y contextuales:

CATEGÓRICOS	COHERENTES/ CONSISTENTES
Piensa en reglas generales. Esto hace que automáticamente sean pocas y esenciales. Ponerlas en práctica hará que desaparezcan los «no hagas...» repetidos. ➔ «Cuidamos de los seres vivos» es la categoría general. Abarca todas las situaciones que podemos encontrarnos con la naturaleza, las plantas, los animales y las personas.	Cumple tus límites. Sé coherente en distintas situaciones y ponte de acuerdo con los adultos que rodean a tu hijo, ya que él necesita saber claramente lo que puede y no puede hacer. Si los límites cambian constantemente, tu hijo los forzará para intentar entender cómo funciona el sistema a través de tus reacciones ante su comportamiento. ➔ Si tú crees que comer una bolsa de patatas fritas antes de la cena está bien, pero tu pareja opina lo contrario, la situación se vuelve muy confusa para tu hijo y rápidamente aprenderá a enfrentarse a ustedes.

DE SENTIDO COMÚN	CONTEXTUALES
Los límites obedecen a valores sociales y protegen las necesidades de las personas. Están relacionados con la seguridad y el respeto a los demás y al medioambiente. ➔ Limitar el correteo de tu hijo en un restaurante protege la seguridad de todos. Es respetuoso con los que quieren una comida tranquila y con los camareros que llevan bandejas y podrían tropezarse. Tu hijo puede satisfacer su necesidad de movimiento de otras maneras.	Algunos límites son más sutiles y varían en función de la situación. Tu hijo necesita de tu ayuda para descifrar las situaciones sociales. Con tiempo y experiencia entenderá que algunas cosas está bien hacerlas en algunos lugares o momentos, pero no en otros. ➔ Gritar en el partido de fútbol es aceptable, pero no en el cine. No hay forma de que tu hijo lo sepa a menos que tú mismo lo tengas claro de antemano y le ayudes a actuar adecuadamente.

— *Revísalos (a medida que el niño crezca) y elimina los innecesarios*
Reflexionar sobre los límites es un trabajo constante porque tu hijo será cada vez más independiente y podrá asumir más responsabilidades. Por eso, revisa tus límites y contrástalos con su desarrollo y capacidades. Elimina los que ya sean obsoletos; si no lo haces, solo pondrán trabas a tu hijo y él luchará por defender su autonomía.

➔ Cuando es pequeño debe tomar tu mano al cruzar la calle, pero en algún momento será capaz de atravesar sin peligro por sí solo. Cuando la seguridad deja de ser una consideración, el límite se vuelve innecesario y puede ser un obstáculo para su independencia.

Cómo aplicar los límites

— Detenlo con un «no», si la situación implica peligro

Detén a tu hijo cuando su comportamiento afecte negativamente a los demás o dañe algo. Dile «no» o «basta», de manera breve y seria, para pararle los pies. Si la situación lo justifica, detenle físicamente. No hace falta usar violencia; basta con ser firme y hacerlo con convicción. Utiliza la mínima fuerza necesaria para garantizar la seguridad.

- ➔ Si tu hijo intenta abrir la ventana del balcón, no se lo permitas. Tu límite firme e inamovible le demuestra que no debe intentar hacerlo por su cuenta. No hay discusión con las situaciones que ponen en peligro la vida.

— Cálmate antes de responder o hablar

Actuarás con más eficacia si estás tranquilo. Pensar antes de hablar o actuar siempre ayuda porque evita proyectar tu emocionalidad en la situación. Asume que tu hijo suele actuar con buenas intenciones, aunque su comportamiento sea indeseable.

- ➔ Si tu hijo empuja a su hermano de seis meses hacia atrás cuando este se sienta, detén primero el empujón. Actúa con calma, pero con asertividad. Después, tranquilízate y reponte del susto antes de hablar con él.

— Transmite tu mensaje con claridad, neutralidad, positividad y confianza

En la mayoría de los casos, cuando la seguridad no está en juego, opta por la comunicación, no por la imposición. No se trata de forzar a tu hijo, sino de ayudarle a elegir mejor por cuenta propia. Lo que más le ayuda es que tus mensajes y tu energía sean firmes, claros, neutros y positivos.

FIRMES	CLAROS
Mantente firme a pesar de la cara de cachorro que pone tu hijo. Él necesita orientación, no muevas el límite. ➔ «Ya has comido suficientes chocolates por hoy. Sé que es difícil. Si tienes hambre, podemos buscar otros refrigerios».	Utiliza un lenguaje claro y conceptos que tu hijo pueda entender. Dile exactamente lo que puede y no puede hacer. No necesita largas explicaciones. ➔ «Puedes salpicar agua siempre que el agua se quede dentro de la bañera y el suelo permanezca seco».
NEUTROS	**POSITIVOS**
Habla y actúa con naturalidad y calma. Tu hijo toma tu reacción como información para ajustar su comportamiento. Cuando está cargada de emoción, tenderá a sentirse culpable y a confundir su comportamiento con su identidad. Es fácil que crea que lo que no te gusta es él. ➔ «Para. Pellizcar a tu hermana le hace daño. Podemos acariciarle así. Mira su cara para ver si le gusta». Evita decir: «Me pones triste cuando pellizcas a tu hermana».	Utiliza un lenguaje afirmativo y dile lo que sí puede hacer. ➔ «Pintamos sobre papel. Si quieres pintar en la pared, primero tenemos que poner papel. La pared tiene que estar limpia».

Qué hacer después de fijar el límite

Mantén un balance entre creer en tu hijo y su buena voluntad, y apoyarle cuando el autocontrol le falle. Mantén altas y claras las expectativas que tienes puestas en él. Estará a la altura del reto. Es más capaz de lo que la gente cree. Si los límites se ajustan a su capacidad, podrá asumir responsabilidades y disfrutará haciéndolo.

— *Confía en tu hijo y date la vuelta*
Darte la vuelta indica al niño que confías en él. Le manda el mensaje de «sé que lo vas a hacer».

- ➔ Si tu hijo empieza a gritar mientras esperas en la consulta del médico, puedes decirle: «Dentro usamos una voz bajita. No queremos molestar a los demás». Confía en que lo hará.

— *Dale seguimiento cuando sea necesario*
Si tu hijo no ha respetado el límite, vuelve de forma neutra y toma medidas. No hagas falsas amenazas. Él aprende muy rápido cuando haces lo que dices. No temas hacer uso de tu autoridad cuando sea necesario, pero hazlo de forma no amenazadora y con cariño. Si utilizas falsas amenazas, le invitas a que te rete constantemente. Utiliza la mínima fuerza y solo cuando sea preciso.

- ➔ En la sala de espera del médico, si vuelve a gritar poco después de haberle dicho que no lo haga, es hora de que actúes conforme a tus palabras. Puedes tomarle de la mano y esperar fuera con él hasta que esté preparado para estar dentro jugando tranquilamente. Sé neutro, no castigues.

— *Quédate y escucha con empatía si tu hijo está disgustado*
No es fácil para tu hijo ver limitado su comportamiento. Naturalmente sentirá emociones al respecto. Simplemente reconoce sus sentimientos, pero mantén el límite. No te dejes envolver por el drama. Se sentirá atendido si empatizas con él.

- ➔ Si tu hijo llora porque no quiere dejar de jugar para ir a visitar al abuelo, escucha sus emociones un momento. Así estará más dispuesto a venir.

— *Evita que los límites le humillen*
Para reforzar el límite que establezcas en el momento, enséñale a tu hijo una mejor forma de actuar cuando no haya gente alrededor. Busca un momento en el que puedan tener intimidad y ambos estén tranquilos. Estará más dispuesto a escuchar cuando su dignidad no esté en juego.

- ➔ En situaciones sociales delicadas, como cuando tu hijo tose demasiado cerca de la gente, enséñale a hacerlo tapando su boca con el interior del codo. Muéstrale en detalle después y practícalo en casa hasta que se convierta en un hábito.

— *Dialoga con tu hijo en momentos neutros*
Conforme el niño crece, es adecuado explicar las razones del límite brevemente, muestra respeto por tu hijo y crea un ambiente de comunicación. Cuando se encuentra con una limitación, el aprendizaje importante para él es entender cómo afectan sus acciones a los demás y cómo elegir una nueva acción que satisfaga mejor las necesidades de todos.

- ➔ Muéstrale a tu hijo la importancia de disculparse, pueden charlar sobre diferentes situaciones en las que se hayan visto involucrados. Dale opciones para que pueda expresarse genuina y naturalmente.

EN RESUMEN

Los límites ayudan a tu hijo a entender el funcionamiento social, a autocontrolarse para respetar a los demás y a adaptarse. Clarifica tus límites de antemano para que sean categóricos, consistentes, de sentido común y contextuales. Esto te permitirá transmitir el mensaje con confianza, claridad, neutralidad y positividad. Después de poner el límite confía en tu hijo, pero vuelve a apoyarle si no es capaz de cambiar su conducta solo. Los límites puestos con respeto fortalecen la relación. Los niños buscan los límites porque les permiten entender el funcionamiento de la sociedad de la que forman parte y así integrarse.

NAVEGUEMOS LA TORMENTA DEL BERRINCHE

> Los berrinches cuentan una historia. Presta atención. Suelen ser fuertes expresiones emocionales de necesidades insatisfechas. No te distraigas con su intensidad, céntrate en encontrar y abordar su causa y, tal como vinieron, se disolverán.
>
> **Pilar Enrich y Nati Beltrán**

Los berrinches de tu hijo no son más que desbordamientos de emociones intensas como la ira o la frustración. Cuanto más fuerte sea su necesidad o mayor su sensación de impotencia, más vehemente será su emoción y, por tanto, su reacción. Un arrebato de este tipo no significa que tu hijo tenga un problema o que sea «travieso». Simplemente está insatisfecho y trata de comunicarse con las limitadas herramientas de que dispone.

Por qué los niños tienen berrinches

La capacidad de los niños para comprender y controlar sus emociones es inmadura. Cuando son intensas, no pueden pensar con claridad. Esto le ocurre a todo el mundo, pero en su caso lo sienten con más fuerza. Unido a su limitada capacidad de razonamiento, las rabietas o berrinches son su mejor intento de demandar tu atención y apoyo. Hasta que su cerebro sea más maduro y tengan más control emocional y cognitivo, necesitan temporalmente que les prestes tu madurez y racionalidad. Como dice el Dr. Daniel Siegel (2018): «Necesitan tomar prestado tu neocórtex», ya que el suyo es inmaduro.

Es posible que los niños descubran que los berrinches son una forma eficaz de conseguir que los adultos hagan lo que ellos quieren. Si tus límites son poco claros e incoherentes y has estado utilizando premios y castigos para que tu hijo haga lo que tú quieres, aprenderá muy rápido a hacer lo mismo. Evita los premios, los castigos, el chantaje o las amenazas. Son tácticas de manipulación disfrazadas. Lo que tu hijo aprenderá es a manipular y a dejarse manipular. Para romper ese círculo, toma el enfado como información y utilízala para modificar tu comportamiento de modo que atiendas lo que el niño necesita biológicamente en ese momento. A medida que le trates de forma diferente, él también cambiará su patrón.

Los berrinches cuentan una historia

Los arrebatos de tu hijo son información. No te quedes atrapado en la tormenta y su espiral de intensidad; escucha bajo la superficie y lee entre líneas su comportamiento inoportuno para encontrar la causa. El origen de su malestar puede radicar en necesidades físicas, como descanso o comida, o psicológicas, como afecto, aprendizaje o independencia. Aprende a leer a tu hijo y a identificar la causa más profunda, y no te dejes distraer por la manifestación externa.

Si le ayudas a sentirse visto, comprendido y le haces sentir que te importa, eso le tranquilizará. Se calmará y estará dispuesto a escuchar, conversar y encontrar soluciones. Si le gritas o te enojas, es como avivar el fuego en lugar de apagarlo con agua. Está en tus manos intensificar o desescalar la situación con tu respuesta. Tómate los berrinches con realismo: son una poderosa herramienta de comunicación, una manera efectiva que usa tu hijo para llamar tu atención y mostrarte que necesita algo.

Cuando se atienden sus necesidades de forma adecuada y regular, sus arrebatos emocionales acaban desapareciendo. Con el tiempo, te convertirás en un experto y serás capaz de prever la rabieta de antemano y abordarla. En sus primeros años, los niños van adquiriendo los mecanismos para lidiar con la decepción y las necesidades insatisfechas. Cada rabieta que le ayudes a superar, le empuja a mejorar sus habilidades de regulación emocional para toda la vida.

Intenta

✓ **Intenta ayudarle a regular sus emociones.** Mantén la calma, concéntrate en encontrar la verdadera causa de su malestar y ayúdale a resolverla.

➔ Cuando tu hijo pide a gritos un helado, lo hace porque en el pasado le ha proporcionado una satisfacción inmediata (una explosión de energía o placer). Sin embargo, no resuelve su verdadero problema, que seguramente será una necesidad básica como la atención o el descanso.

✓ **Intenta ayudarle a refinar su comunicación emocional.** Tu hijo quiere que sepas cómo se siente y qué necesita, pero aún no ha aprendido a identificar ni a expresar lo que le ocurre. Verbaliza las palabras de lo que parece sentir para que pueda aprender.

- ➔ Cuando intuyas lo que tu hijo puede estar sintiendo, intenta poner palabras a los sentimientos que adivinas preguntándole: «¿Estás frustrado?». Ofrécele la palabra con la misma espontaneidad y neutralidad que cuando le dices que se trata de un lápiz o un bolígrafo. Así, le ofreces vocabulario para su experiencia; pero nunca impongas tus ideas diciéndole cómo se siente, hazlo como una pregunta o una posibilidad.

✓ **Intenta ayudarle a satisfacer las necesidades que provocan el berrinche.** Las necesidades de desarrollo de tu hijo no pueden desatenderse. Si no las comprendes, luchará y expresará su deseo mediante una rabieta. Observa con detenimiento e intenta descifrar la habilidad que tu hijo está tratando de dominar. Reconoce que es su trabajo de desarrollo y no un capricho.

- ➔ Cada vez que tu hijo vacía las bolsas del supermercado contigo, cree que te está ayudando. Si vas mucho más deprisa que él y al final no le queda nada por desempaquetar, es probable que te haga saber su disgusto y estalle en un sonoro berrinche. Percibe desembalar como un trabajo y lo siente tan necesario como comer. Reconócelo ofreciéndole desempaquetar algunos objetos (que tú vuelves a meter en la bolsa). En el futuro, identifica su necesidad reservando una parte de la compra para que la saque él, permitiéndole trabajar a su ritmo. El trabajo intencionado es una solución mágica y suele tranquilizar al niño.

EVITA

- ✗ **Evita identificarle con su berrinche.** Tu hijo no es su comportamiento. Evita etiquetarle. Muéstrale las consecuencias de su conducta para los demás. Esto suele bastar para que modifique voluntariamente sus actos. Puede que necesite un límite para contener su comportamiento.

  - ➔ Cuando le jala la cola al perro evita decir: «Niño malo». En su lugar, puedes decir: «El perro está llorando. Jalarle la cola le hace daño». Establece el límite y explícaselo: «Siempre tratamos a los animales con delicadeza».

- ✗ **Evita perderte pistas de comunicación.** Los niños señalan cómo se sienten con gestos, movimientos corporales o cambios en su comportamiento. Estate atento a lo que le molesta y a lo que desencadena exactamente su malestar. Tómatelo en serio; así podrás abordar las cosas a tiempo y evitar muchas rabietas.

  - ➔ Si tu hijo arruga la nariz cada vez que huele un perfume fuerte y luego se pone de mal humor, puedes deducir que le molesta y, posteriormente, asegurarte de que no se siente junto a alguien que lleve mucho perfume.

- ✗ **Evita sucumbir a sus «caprichos» externos.** Cuando cedes a deseos superficiales o mueves tus límites para apaciguar a tu hijo, este no llega a entender tus razones de la restricción original. Si caes en la trampa de la manipulación mutua, se acostumbrará a utilizar los enfados como táctica para salirse con la suya. Tú te agotarás y a él le costará más aprender a autorregularse y encontrar formas sanas de satisfacer sus necesidades.

➔ Aunque estés agotado y cocinando frenéticamente la cena, sé fuerte, tu hijo no necesita un trozo de pastel, por mucho que lo pida. Necesita quedarse con hambre para poder cenar algo sano. Si cedes, se confunde y empieza el juego de la manipulación. Es como si, al dejar que se salga con la suya, le enseñáramos a manipular.

EN RESUMEN

Los berrinches son una especie de lenguaje. Descifra lo que tu hijo está intentando comunicar desesperadamente. Cuando le ayudas a navegar la tormenta de la rabieta, aprende a entenderse a sí mismo y a regular sus emociones. Cuando le ayudas a identificar y satisfacer sus necesidades más profundas, aprende a confiar en que te comprometes a apoyarle y aprende a hacerlo por sí mismo. Una vez que tu hijo puede comunicarse y regular mejor sus emociones, los arrebatos desaparecen.

NAVEGUEMOS LOS CONFLICTOS PACÍFICAMENTE

Deja a un lado viejas dinámicas como ganar y perder y, en su lugar, adopta la cooperación y la colaboración. En otras palabras, atesora la relación con tu hijo porque sabes que una relación segura, cariñosa, auténtica y de aceptación contigo es lo que necesita por encima de todo.

Philippa Perry
(Perry, 2019, p. 236)

Los conflictos son inevitables en las relaciones humanas. Todos somos diferentes, tenemos opiniones, necesidades y deseos distintos. Navegar un conflicto es como navegar en un mar agitado; requiere de las habilidades precisas para sobrevivir e, incluso, disfrutar del viaje. Los conflictos conllevan tensión y sentimientos incómodos, no hay forma de evitarlo. Es importante que tu hijo aprenda a mantener la calma y a no tener miedo a la confrontación, ya que esta puede ser positiva. De hecho, si aprende a afrontar y manejar los conflictos con éxito y con buenos resultados, desarrollará una habilidad muy valiosa y escasa.

A medida que tu hijo practique a ponerse en el lugar del otro, conseguirá utilizar el diálogo en lugar de la violencia para llegar a un acuerdo. Aprender a negociar y a tener en cuenta a todo el mundo es una oportunidad para que el niño se conozca mejor a sí mismo y a los demás, y para crear relaciones sólidas. A veces entrará en conflicto contigo y otras veces con los demás, y puede que necesite tu apoyo mediador.

Cuando la situación se calienta demasiado, no puedes esperar que reaccione con lógica o con el autocontrol de un adulto, ya que su corteza prefrontal aún no está completamente desarrollada. Tiene una capacidad limitada para regular sus emociones, ver el panorama completo, tener empatía o reflexionar antes de reaccionar. Cuando el conflicto va demasiado lejos, se pierde fácilmente en sus emociones y requiere que le prestes tu madurez para calmarse y encontrar una solución sin forzarle. Con el tiempo, resolver los conflictos de forma no violenta y mediante el diálogo se convierte en un hábito.

Intenta

✓ **Intenta permitir que resuelva sus conflictos por sí mismo, cuando pueda.** Dale tiempo, está intentando pensar por sí mismo y comprender a la otra persona.

➔ Si tu hijo y su amigo quieren el mismo juguete, discutirán con disgustos e ideas disparatadas, hasta que negocien y encuentren una solución mutuamente aceptable. La mayoría de las veces, no les llevará mucho tiempo; sin embargo, en cuanto intervengas, la dinámica cambiará y puede que se centren en ti en lugar de buscar sus propias soluciones.

✓ **Intenta ayudarle a enfrentar el conflicto de forma pacífica, cuando se requiera.** Si intervienes en una disputa, tu papel es preservar la seguridad y facilitar el proceso, no resolver el conflicto directamente. Muéstrale a tu hijo distintas formas de disculparse cuando cause daño sin darse cuenta. Observándote, aprenderá a pedir perdón y a reparar las rupturas con palabras o gestos, en lugar de usar la fuerza física.

➔ Cuando tu hijo y su amigo empiezan a pegarse porque ambos quieren el balón, intervén con calma y sepáralos, si es necesario. Ayúdales a escucharse mutuamente y a utilizar el diálogo para comprender los puntos de vista del otro.

✓ **Intenta reconocer tus propios errores.** Tú, como adulto, estás en una posición de poder con respecto a tu hijo. Utiliza este poder sabiamente; elige ser justo. Reconoce humildemente tus errores con vulnerabilidad.

➔ Si le gritas a tu hijo porque estás estresado, no te inventes un motivo y le eches la culpa. Expresa tu arrepentimiento y reconoce tu reacción fuera de lugar con palabras amables o un gesto reconciliador. Si se pelearon de verdad, puedes escribirle una nota o llevarle una flor o una galleta al día siguiente.

Evita

✘ **Evita intervenir demasiado rápido con tu solución.** Cuando participas, te conviertes en un ingrediente más del conflicto y, a veces, en la razón misma por la que tu hijo no consigue arreglar las cosas por sí mismo.

➔ Cuando te metes en medio de la discusión de tu hijo con un amigo, es posible que no tengas toda la información. Es mejor observar la situación y darles una oportunidad para que resuelvan la tensión por sí solos, interviniendo solo si es absolutamente necesario.

✘ **Evita tomar partido.** Mantente neutral y compasivo. No defiendas un punto de vista o concluyas que una persona está equivocada y la otra tiene razón. No juzgues, culpes ni acuses. Evita especialmente etiquetar a las personas como «víctimas» o «agresores». Tranquiliza a tu hijo diciéndole que todos cometemos errores y que podemos volver atrás y corregirlos. Ten cuidado con tu comunicación corporal, como poner los ojos en blanco o señalar con el dedo.

- ➔ Si ves que tu hijo golpea a su primo, intervén para evitar que sigan haciéndose daño y ayúdales a reconciliarse. Juzgarles solo hace que se retraigan y se sientan avergonzados.

× **Evita conflictos devastadores.** Aprende a predecir los factores desencadenantes del enojo de tu hijo y a actuar a tiempo para poder prevenir la violencia. Si detectas una situación con suficiente antelación, es fácil reconducirla y evitar el daño. Esto enseña al niño a que existen situaciones alternativas a la fuerza.

- ➔ Si sabes que decidir quién se sienta al lado del invitado será un punto conflictivo en la cena, puedes sacar el tema cuando tus hijos pongan la mesa, antes de que llegue la persona en cuestión. Observa y deja que surjan soluciones entre ellos.

EN RESUMEN

Apoyar a tu hijo a superar los conflictos mediante el diálogo y la comunicación normaliza una forma de relacionarse pacíficamente. Elimina la ley de la selva. Es la base para crear una sociedad armoniosa en la que puedan satisfacerse las necesidades de todos. Es crucial sanar adecuadamente después de una situación conflictiva. Las disputas que van demasiado lejos o los comentarios negativos repetidos pueden crear impactos profundos y de por vida en la forma en que tu hijo se ve a sí mismo o a los demás. Afrontar estas situaciones sin rodeos evitará que las heridas se conviertan en traumas.

DÉJAME CONFIAR EN EL MUNDO

> Cada experiencia emocionalmente significativa, ya sea alegre o dolorosa, tiene un impacto duradero en el sistema nervioso del desarrollo del bebé, independientemente de que más tarde se recuerde conscientemente o no. La forma en que sentimos el mundo cuando somos bebés influye en el desarrollo de nuestra personalidad, emocionalidad y forma de relacionarnos a largo plazo».
>
> **Robin Grille**
> (Grille, 2013, p. 257)

Los niños que salen de la infancia con la sensación de que están seguros en el mundo suelen tener más fácil la vida. Tu hijo confía en ti para su protección física y psicológica, así como para adquirir su percepción del mundo. La familia es como un invernadero donde los niños construyen los cimientos de la seguridad y la solidez. Desde la base segura de tu relación, tu hijo se expandirá con naturalidad y confianza hacia círculos sociales más amplios y complejos. Una vez que haya desarrollado su capacidad de resiliencia, estará preparado para un clima más duro fuera del invernadero. Cuando se enfrente a la adversidad, estará mejor equipado si ha tenido una base sólida y segura.

Las experiencias de la primera infancia determinarán el cristal a través del cual tu hijo verá el mundo y cómo interactuará con él. Tu perspectiva, tus palabras y tus reacciones marcarán la visión que tenga de la vida. Si no se replantean y sanan adecuadamente, las experiencias adversas pueden convertirse en traumas. Tu hijo responderá con mecanismos de protección como volverse invisible, pelearse, aferrarse o ser complaciente. Científicos como el neuropsiquiatra Bruce Perry, han demostrado que el factor más predictivo para la recuperación total de acontecimientos traumáticos de cualquier tipo es la calidad de las relaciones posteriores al acontecimiento. Si después de un suceso traumático estás ahí para tu hijo, puedes ayudarle a procesar sus emociones y explicárselo de un modo que pueda entender, ayudándole a sobreponerse al evento y a seguir adelante.

Los niños son muy sensibles a los acontecimientos y almacenan los recuerdos más fuertes cuando tienen emociones intensas al mismo tiempo. En los tres primeros años, las memorias se guardan inconscientemente, pero ahí quedan. Elige cuidadosamente su entorno: todo tiene un impacto duradero en su cerebro en formación. Sé empático y comprende la capacidad de absorción y digestión de tu hijo a esta edad para poder protegerle de cosas perjudiciales. Sé su amortiguador ante experiencias demasiado dolorosas o potencialmente nocivas, teniendo en cuenta su fragilidad y su limitada capacidad para absorber impactos. Lamentablemente, se ha demostrado que las adversidades de la primera infancia afectan negativamente el desarrollo del cerebro con consecuencias duraderas. Afortunadamente, también se ha demostrado que tu amor y tus cuidados en casa son protectores y pueden preparar a tu hijo para afrontar mejor las dificultades y situaciones duras que son inevitables.

Intenta

- ✓ **Intenta proporcionarle información que pueda entender y digerir.** Sé todo lo sincero que puedas, pero ajusta tu comunicación en función de lo que tu hijo pueda soportar. Ofrécele información verídica que pueda digerir sin alarmarse. Elige en qué te centras. Simplifica la información compleja poniéndola a su nivel de comprensión.

> ➔ Si durante la cena su tío habla del cambio climático y de cómo se están muriendo los osos polares, podrías mencionar las cosas que haces para ayudar a los osos polares, como usar bombillas LED porque consumen menos electricidad y se pueden reciclar (algo con lo que él pueda contribuir).

✓ **Intenta protegerle de las experiencias tóxicas.** Siempre que sea posible, resguárdalo de situaciones negativas extremas y de conversaciones que no sepa procesar y que puedan asustarlo. Sin embrago, conserva pequeñas dificultades o vivencias que proporcionan un valioso aprendizaje y fomentan la resiliencia. Aprendiendo de las pequeñas dificultades, adquiere las herramientas para afrontar problemas mayores.

> ➔ Estate atento y sé selectivo con las fuentes de información de tu hijo, porque determinan cómo percibirá el mundo. Las noticias se editan para crear impacto y captar la atención inmediata de los adultos y son demasiado impactantes para una mente joven. Puedes explicarle los puntos principales de forma más neutra y omitir el resto.

✓ **Intenta controlar tu reacción ante las pequeñas adversidades.** Muéstrale a tu hijo cómo replanteas y superas las dificultades. Te imitará. Cuando reconsideras los acontecimientos, admitiendo el dolor, pero encontrando también el lado positivo, le ayudas a adquirir las herramientas para enfrentarse a lo que le depare la vida. El impacto de un acontecimiento tiene más que ver con cómo reaccionamos que con el acontecimiento en sí.

➔ Cuando tu hijo se caiga, mantén la calma. Si te alarmas cada vez que eso pasa, empezará a sentir miedo. Si te mantienes tranquila, tu hijo reaccionará exclusivamente a la situación, no ante tu alteración. Lo peor de una caída puede ser tu reacción.

Evita

✘ **Evita las reacciones automáticas.** Vigila los factores que te empujan a reaccionar automáticamente y ejercita tu autocontrol. Sé amable con tu hijo. Tu comportamiento marcará su cerebro. Sé más consciente de tus emociones y busca el apoyo que necesitas para dominarlas. Controlarte evitará daños de los que tu hijo tendrá que recuperarse cuando sea mayor.

➔ No le pegues a tu hijo. No le grites. Tú eres más grande y poderoso que él, tus reacciones impulsivas pueden resultarle realmente intimidantes. Observa cómo le afectan. Usa tu poder con amabilidad y sabiduría.

✘ **Evita asustarle o exagerar.** El cerebro de tu hijo es menos maduro, por lo que tiene menos experiencia, y su perspectiva es muy diferente de la tuya. Es posible que tu hijo aún no distinga la realidad de la fantasía, y sus miedos pueden magnificarse fácilmente.

- ➔ Si tu hijo tarda mucho en prepararse y tratas de que se dé prisa diciéndole que le expulsarán de la escuela si llega tarde, esto solo le causará un estrés innecesario y le infundirá miedo. En lugar de eso, entiende la limitada concepción del tiempo que tiene tu hijo e intenta planificarlo mejor la próxima vez, siendo racional sobre las consecuencias reales de llegar tarde y el tiempo que necesita para prepararse. Más adelante, cuando todo esté más tranquilo, puedes dedicar un momento a transmitirle la importancia de la puntualidad.

- ✘ **Evita hablar sin cuidado, tu hijo puede oírte.** Sé cuidadoso, especialmente con las bromas, el sarcasmo y las amenazas cuando tengan una connotación que puede herir. Tu hijo aún no entiende los dobles sentidos y se tomará las cosas al pie de la letra.

  - ➔ Ten cuidado cuando hables por teléfono o converses con otras personas y tu hijo esté cerca. Puede asustarse fácilmente o malinterpretar tu conversación.

- ✘ **Evita negar los sentimientos de tu hijo.** La vida inevitablemente traerá situaciones que causan estrés. Si hay un acontecimiento traumático importante en su vida, es esencial no ignorarlo y abordar sus sentimientos al respecto. Si estás preocupado por él, busca asesoramiento profesional, independientemente de su edad.

  - ➔ Si el mejor amigo de tu hijo se traslada al extranjero, necesita llorar su pérdida. Deja que sienta y exprese sus sentimientos, esto es lo que le ayudará a sobreponerse. Evita decirle que su otro amigo es aún más gracioso.

EN RESUMEN

Un entorno protegido cuando los niños son pequeños puede evitarles muchos problemas en su vida adulta. El hecho de que, en general, se hayan sentido queridos y seguros o abandonados y en peligro es realmente importante, ya que marcará la persona en la que se convertirán. Como dijo Frederick Dougless: «Es más fácil construir niños fuertes que reparar hombres rotos».

INDEPENDENCIA

DÉJAME SER YO

> Muchos padres hacen cualquier cosa por sus hijos, menos dejarlos ser ellos mismos.
>
> **Banksy**

Tu hijo es único. Aprecia lo que tiene de especial. Acéptalo tal como es, sin condiciones. Esto no significa que tenga que gustarte todo lo que hace. Aceptarlo a él como persona, con sus gustos, intereses e inclinaciones, fomentará confianza en sí mismo. Debería crecer sin un ápice de duda de que le quieres y apoyas.

Tu hijo nació con un gran potencial, ayúdale a descubrirlo y a desarrollarlo. Montessori llamaba a esto «el secreto de la infancia». En condiciones propicias, su verdadero yo y su potencial se revelarán. Tu tarea es ser el guardián de su sensibilidad y sus dones únicos, para que crezca auténticamente y conectado consigo mismo. Puede que sus talentos estén a flor de piel o que haya que cavar más hondo para encontrarlos. La única forma de descubrir su potencial es dejarle ser él mismo en un entorno rico donde tenga opciones para expresar su individualidad. Cada persona tiene formas distintas de hacer las mismas cosas. En la mayoría de los casos, no tiene importancia, así que por qué no permitirle que haga las cosas a su manera siempre que sea seguro y posible. Ten cuidado con tus expectativas sobre él o con predecir inconscientemente su futuro basándote en las carencias de hoy. Su desarrollo es largo. No seas determinista. Le cierras posibilidades cuando le dices que será tan buen médico como su abuelo. A tu hijo le sirve más que confíes en él y le apoyes para que siga mejorando y se convierta en la mejor versión de sí mismo. Espera a que se desarrolle y tome sus propias decisiones.

Intenta

✓ **Intenta tener en cuenta sus decisiones.** Respeta las preferencias de tu hijo. Solo podrá expresarse si estás abierto a sus comentarios sobre lo que le gusta y lo que no, y sobre cómo prefiere hacer las cosas.

➔ Quizá quiere ponerse primero los calcetines y luego el resto de la ropa o viceversa. Deja espacio para que elija.

✓ **Intenta aceptar sus ideas únicas.** Los cerebros jóvenes son muy creativos. Puede que las ideas de tu hijo sean inéditas, pero cuando no perjudican a nadie, considéralas porque refuerza su capacidad de pensar por sí mismo y de salirse de lo establecido.

➔ Si tu hijo propone cambiar lo que comen en el almuerzo para la hora del desayuno, quizá puedas ser flexible un día y darle sopa para desayunar o al revés.

Evita

- **Evita comparar a tu hijo con sus hermanos o amigos.** No le etiquetes o juzgues. No le presiones para que sobresalga siendo otra persona o para que cumpla los sueños de alguien más. Eso le desvía de su propio camino.

  - No digas: «A tu hermana se le dan muy bien las matemáticas». Centra tu energía en averiguar cuáles son sus puntos fuertes y sus talentos.

- **Evita proyectar tus preocupaciones en tu hijo.** Deja abierto su futuro. Dale libertad para florecer a su manera y seguir su propio camino. Deja que te sorprenda.

  - No pienses que porque no destaca en matemáticas a los cinco años su vida está condenada. Fíjate en lo que hace bien y apóyale cuando necesite ayuda.

EN RESUMEN

Tu hijo solo llegará a ser una persona feliz si puede ser plenamente él mismo en cada paso del camino. Si siente tu apoyo, es más probable que logre desarrollar todo su potencial. Puede ser difícil confiar ciegamente porque el resultado no se manifiesta hasta más adelante; sin embargo, si permites que tu hijo se escuche a sí mismo y explore quién es, y lo que realmente le gusta amortiguando el ruido externo, aumentará su capacidad de convertirse en la mejor versión de sí mismo. Como dijo la bailarina Stacia Tauscher: «Nos preocupamos por lo que un niño llegará a ser mañana, pero olvidamos que es alguien hoy».

DÉJAME HACERLO POR MÍ MISMO

> Los adultos no se dan cuenta de sus necesidades reales: «Quiero hacerlo todo yo solo, por favor, no me ayudes».
>
> **María Montessori**
> (Montessori, 2007a, p. 151)

Uno de los impulsos más fuertes de los niños es hacer las cosas por sí mismos. Lucharán por su independencia porque es a través de su propia actividad como ellos se construyen. Cada actividad diaria les permite ejercitar sus músculos, sus sentidos y su pensamiento. No existe una vía rápida. Si adquieres el hábito de hacer las cosas por ellos, te vuelves involuntariamente en un obstáculo para su desarrollo. Conviértete en un observador atento y dale los retos para los que esté preparado. Por ejemplo, cuando pueda masticar, deja de hacerle el puré. Piensa que está diseñado para masticar la comida, ya que es una habilidad que necesitará de por vida; además, masticar también le ayuda a desarrollar los músculos que precisa para pronunciar correctamente y le prepara indirectamente para hablar.

Prepara el entorno para que tu hijo haga todo lo que pueda por sí solo. Como decía Montessori: «Nunca ayudes a un niño con una tarea en la que siente que puede tener éxito» (Montessori, 2007a). Deja que intente desafiarse a sí mismo un poco más cada día. Puede que hoy no lo consiga, pero lo hará mañana. Un entorno bien preparado puede mantenerle entretenido y feliz durante mucho tiempo, y le animará a mantenerse activo.

Cuando haces por tu hijo cosas que podría intentar por sí mismo, le quitas la iniciativa, la oportunidad de ejercitar su perseverancia, su capacidad para afrontar la frustración y la satisfacción de alcanzar las metas que se propone. Si fomentas su autonomía, cada experiencia será una prueba viva de su creciente capacidad; refuerza su creencia en sí mismo y eso le impulsará a seguir (mucho más que cualquier elogio).

Intenta

- ✓ **Intenta preparar todas las habitaciones de la casa para que pueda actuar con autonomía.** Cuando los objetos y muebles tienen las proporciones correctas puede coordinar mucho mejor sus movimientos. Cuando las cosas son sencillas y ordenadas, puede tener éxito en sus interacciones con el entorno.
    - ➔ Si tu hijo tiene una escoba y un recogedor ajustados a su tamaño, puede ayudarte a limpiar las migas de la cena que han caído al suelo y sentir que de verdad contribuye. Colocar espejos y ropa a su altura le anima a vestirse solo.
- ✓ **Intenta dejar que haga todo lo que sea capaz de hacer por sí mismo en este momento.** El objetivo es ayudar a tu hijo a que él haga sus cosas, pues incluso aquellas que parecen insignificantes son logros para él. Puedes ir delegando responsabilidades poco a poco, a medida que se vaya haciendo más independiente.

- ➔ En el desayuno, déjale llevar las servilletas a la mesa. Dentro de un tiempo, enséñale a llevar las cucharas; más adelante, los platos y las tazas. Cuando vaya tomando confianza, invítale a poner toda la mesa. Se sentirá útil y orgulloso.

✓ **Intenta ayudar lo justo.** Dosifica tu ayuda. Cuando veas que no puede hacerlo solo, observa cómo realiza la actividad y muéstrale u ofrécele consejos para que supere su dificultad actual. Rara vez necesita ayuda para todo.

- ➔ Cuando veas que tu hijo derrama agua mientras lleva un vaso, puedes mostrarle cómo se hace mientras dices: «Mira, cuando sujeto el vaso con las dos manos, se mueve menos, y el agua no se derrama». Una vez que se lo muestres, podrá completar la tarea satisfactoriamente.

Evita

✗ **Evita ayudar demasiado.** Si lo haces todo por tu hijo, le conviertes innecesariamente en alguien dependiente de ti, y con el tiempo esto irá deteriorando su seguridad e iniciativa.

- ➔ No le abotones el abrigo cuando empiece a intentarlo. Le produce alegría tratar por sí mismo y puede experimentar durante mucho tiempo antes de frustrarse y buscar tu ayuda. Es una actividad significativa para él. Sus dedos se están fortaleciendo cuando sujeta cada botón, lo cual le beneficiará para agarrar bien el lápiz y controlar su escritura.

- **Evita subestimar su potencial.** Tu hijo puede hacer cosas mucho antes de lo que crees. No te acostumbres a hacer algo por él solo porque te necesitaba cuando aprendió o porque tú tienes la costumbre de hacerlo.

    - ➔ Tu hijo puede utilizar una cuchara en cuanto sea capaz de sujetar objetos. Esto significa que puede intentar alimentarse por sí mismo en cuanto empiece a comer comida sólida. Cuanto más la utilice y practique, más se afinarán sus movimientos y menos se ensuciará.

- **Evita frustrarte si no lo consigue a la primera.** Los niños aprenden más rápido cuando se les da una retroalimentación concreta, factual y sin juicios de valor o de críticas. Observa los hechos y descríbelos de manera neutra. Lo que tu hijo necesita es que le muestres claramente cómo superar su dificultad específica.

    - ➔ En lugar de decir: «Qué torpe eres, siempre derramas la leche», fíjate en que está vertiendo demasiado cerca del borde de la taza. Entonces, puedes mostrarle cómo se dirige el chorro hacia el centro. Puedes decir: «Mírame y dime si consigo verter la leche exactamente en el centro de la taza». Después, deja que tu hijo lo intente, pero no le corrijas.

EN RESUMEN

No le quites a tu hijo la oportunidad de descubrir y aprender. Al hacer las cosas por sí mismo, adquiere habilidades prácticas para toda la vida y una verdadera confianza y alegría. Di o haz lo justo para animarle y ayudarle a tener éxito. Ahora te requerirá más tiempo que si lo hicieras tú mismo, pero a la larga él se volverá más independiente y hábil. Hacer las cosas por tu hijo cuando él es capaz no es una ayuda, por el contrario, es un perjuicio para su desarrollo.

DÉJAME PENSAR POR MÍ MISMO

> Debemos ayudar al niño a actuar por sí mismo, a decidir por sí mismo, a pensar por sí mismo.
>
> **María Montessori**
> (Montessori, 2007e, p. 67)

El camino de tu hijo hacia la independencia intelectual es largo y se construye poco a poco, según va pensando e intentando resolver problemas. Con cada oportunidad de decidir y encontrar sus propias soluciones, se vuelve más ingenioso. Empieza a desarrollar diversas e importantes habilidades como el liderazgo, la negociación y la creatividad.

Tu hijo tiene su propia lógica hasta que desarrolla su capacidad de abstracción. Al igual que necesita oportunidades para aprender a caminar también las requiere para pensar e intentar resolver problemas por sí mismo. Cuanto más practique, antes aprenderá a discernir soluciones.

Intenta

- ✓ **Intenta permitir que se enfrente a problemas, tanto prácticos como sociales.** A medida que vaya adquiriendo experiencia con los resultados de sus elecciones, tu hijo será más atinado en sus conjeturas e irá afinando sus decisiones. No intervengas para resolver pequeños problemas por él, ya que esto solo frenará su aprendizaje.

- ➔ Déjale que discuta y negocie con otros niños sobre quién se subirá primero al columpio hasta que encuentre su propia solución. No necesita que intervengas a menos que se pongan violentos. Tu presencia puede ser suficiente.

✓ **Intenta discutir los retos con tu hijo y tener en cuenta su opinión.** Aprovecha contratiempos simples cotidianos para pedirle su parecer, invítale a proponer una idea y discútela con él.

- ➔ Si no tienes suficientes panecillos para todos presenta el dilema a tu hijo e invítale a resolverlo. Puedes decir: «Tenemos tres panecillos y hay cinco personas. Me pregunto qué podríamos hacer para que todos puedan probarlos».

Evita

✗ **Evita quitarle la oportunidad de encontrar soluciones por sí mismo.** Déjale que aporte ideas y reflexione. Aunque parezca insignificante, cada pequeño dilema que resuelve sienta las bases para poder solventar problemas más complejos.

- ➔ Si las ardillas se están comiendo la comida de los pájaros del jardín, implica a tu hijo en la búsqueda de nuevas soluciones. El proceso de pensar es desafiante y estimulante para él. Implementa su idea y déjale descubrir lo que sucede.

✗ **Evita minimizar o descartar sus ideas.** Si lo haces, disminuirás su iniciativa y podrías despertar su inseguridad. Explora la idea con él y haz que averigüe si hay problemas evidentes con la sugerencia.

- ➔ Si propone ir a casa de la abuela en globo aerostático sigue su creatividad durante unos instantes. Disfruta pensando en cómo se sentiría estar en el aire. Luego puedes hacerle preguntas sobre dónde podría conseguir uno, si sabe dirigir un globo, cómo hacer que aterrice, etc. Rápidamente te sugerirá ir en coche o estará abierto a tus sugerencias lógicas.

EN RESUMEN

Si no proporcionas a tu hijo el tiempo y las oportunidades para poner en práctica sus ideas, poco a poco se volverá pasivo y esperará que otras personas resuelvan sus problemas. Si puede pensar por sí mismo desde el principio se le abrirá el camino para convertirse en una persona competente y segura a la hora de tomar decisiones. No se dejará influenciar fácilmente, lo que se convertirá en un punto fuerte en la adolescencia y los primeros años de la edad adulta. Al tomar decisiones, también saborea la responsabilidad.

DÉJAME PARTICIPAR EN LA CONVERSACIÓN

> El desarrollo del lenguaje forma parte del desarrollo de la personalidad, ya que las palabras son el medio natural para expresar los pensamientos y establecer el entendimiento entre las personas.
>
> **María Montessori**

Tu hijo tiene un fuerte deseo de comunicarse, de hablar y de ser escuchado. Es hablando como transmite quién es, lo que le gusta y lo que no, y sus puntos de vista. Necesita tener la oportunidad de expresarse, de compartir sus pensamientos y opiniones incipientes, y de ser escuchado y respetado. Cuando habla, aprende y practica distintos tipos de habilidades. Por ejemplo, clarifica lo que quiere decir, organiza sus pensamientos, piensa con quién está hablando, encuentra las palabras adecuadas para expresarse, practica el lenguaje, aprende a medir los tiempos con respecto a los demás, etc.

Lo que tu hijo tiene que decir es valioso, se está convirtiendo en quien será a través de sus conversaciones con los demás y de cómo le responden. Las conversaciones tempranas marcan la pauta de lo seguro y elocuente que se sentirá a la hora de transmitir lo que piensa, y de confiar en que él y sus ideas añaden valor. Para que tenga un desarrollo psicológico sano, precisa sentirse validado como miembro de la familia y de la comunidad. Permitirle participar en las conversaciones es una buena manera de que se sienta incluido.

Tu hijo, como cualquier otra persona, necesita toda tu atención cuando habla. La mejor manera de hacerlo es mediante el contacto visual y la comunicación corporal. Puede que sea pequeño, pero se da cuenta de si le prestas atención o si estás distraído con tu teléfono o tus pensamientos. Atiende a lo que te dice, de lo contrario, su confianza en ti se erosionará y empezará a contarte cada vez menos cosas. Reconoce lo que te dice y valora sus pensamientos y su esfuerzo por hablar contigo. Una buena forma de asegurarle que le estás escuchando es reflejar lo que has entendido de lo que te ha dicho, parafraseando con tus propias palabras. Otra forma es hacer una pregunta de seguimiento o aclaratoria sobre un aspecto concreto de lo que ha expresado. Así sabrá que le escuchas y le tienes en cuenta.

Intenta

- ✓ **Intenta escuchar con atención.** Espera a que tu hijo termine de hablar. Ten paciencia, su lenguaje está emergiendo.

  - ➔ Cuando estés cocinando, demuestra con tu lenguaje corporal y tus expresiones que estás escuchando. Responde con puntos concretos. Así se dará cuenta de si realmente estás prestando atención o no.

- ✓ **Intenta llevar la conversación a su nivel.** Habla de forma que tu hijo te entienda sin ser condescendiente. Pregúntale por su vida cotidiana y sus opiniones. Háblale de cosas que le interesen.

  - ➔ Cuando hables de economía, no dejes a tu hijo atrás y perdido, ya que no tendrá interés en participar si no lo entiende. Puede que, incluso, empiece a portarse mal para llamar la atención. Hazle saber la esencia de lo que estás diciendo con explicaciones sencillas y con palabras que pueda entender. Ofrécele una metáfora de su mundo, por ejemplo: «Si todo el mundo quiere comprar el mismo chocolate, el dueño de la tienda podría cambiar el precio».

- ✓ **Intenta ayudarle a formular y a expresar sus opiniones.** Protege el espacio de tu hijo en la conversación, ya que otras personas hablan más rápido y son más elocuentes que él.

- ➔ Cuando le esté costando expresar lo que quiere decir y otra persona empiece a hablar por encima de él, puedes hacerle una pregunta que pueda responder y reconducir la conversación hacia lo que estaba diciendo.

EVITA

- ✖ **Evita ignorar o minimizar sus opiniones y preocupaciones.** Deja que exprese sus opiniones e inquietudes y tómalas en serio. No manifiestes juicios sobre él o sus ideas porque se obstinará y temerá que le juzgues la próxima vez. Tómalo en serio.
  - ➔ Si tu hijo expresa que le da miedo bañarse en el mar, no lo minimices. Ayúdale a sentirse más seguro. Puedes decirle: «¿Acercamos un poquito los dedos de los pies al agua?».
- ✖ **Evita interrumpirle.** Respeta el ritmo de tu hijo y dale la oportunidad de terminar su idea. Trátale como tratarías a otros adultos.
  - ➔ Si tu hijo está hablando, ten paciencia. No termines sus frases ni pongas palabras en su boca. No te apropies de sus ideas.
- ✖ **Evita tener conversaciones a medias porque es demasiado pequeño para el tema.** Si no vas a comentar algo completamente, mejor resérvalo para cuando tu hijo no esté. No te andes con secretos, se sentirá excluido.
  - ➔ Cuando estés con amigos tu hijo tendrá las antenas puestas. Si quieres hablar de temas de adultos, espera a estar fuera del alcance de sus oídos.

No deletrees las palabras (por ejemplo, i-p-a-d) cuando aún no sabe deletrear como estrategia para evitar que te entienda. Si no lo harías con un amigo, no lo hagas con tu hijo. Su dignidad y su confianza están en juego.

EN RESUMEN

Acostúmbrate a incluir a tu hijo en las conversaciones y a escucharle. Es uno de los elementos cruciales que formarán su personalidad. Cuando es parte de la conversación, se siente un miembro valioso de la comunidad. Además, estás construyendo una relación inestimable basada en la confianza, que será esencial para que se acerque a ti y te cuente cosas difíciles o traumatizantes. Cuanto más confíe en que le escucharás y creerás, más lo podrás salvaguardar en el futuro, especialmente en situaciones que de otro modo habría ocultado por vergüenza.

DÉJAME HACERLO A MI RITMO

> El impulso espontáneo hacia el desarrollo, que está dentro del niño, dicta su propio ritmo. Lo que corresponde a un padre sabio y cariñoso es mantenerse al margen, observar las actividades del pequeño, observar su crecimiento en lugar de intentar forzarlo.
>
> **María Montessori**
> (Montessori, 2017, p. 14)

Ten paciencia con tu hijo: perfeccionarse es un proceso arduo y lento. Tarda más que tú en hacer cosas y en procesar ideas. No es por elección, sino por necesidad, debido a su sistema nervioso aún en desarrollo y a sus limitadas capacidades y experiencia. Solo a través de la práctica se refinan sus conexiones cerebrales y, como resultado, mejoran sus habilidades. Con el tiempo, ciertos movimientos y procesos de pensamiento se afianzan e, incluso, se automatizan y podrá actuar, hablar y pensar con mayor rapidez. No se puede acelerar el desarrollo; la única manera de avanzar es a su propio ritmo.

El ritmo al que tu hijo hace las cosas no solo es distinto al de los adultos, sino que también es individual y diferente al de otros niños. Algunos aprenden a andar antes, otros son más coordinados al comer, etc. Recuerda que el desarrollo da saltos: hay momentos en los que parece que no pasa nada y, de repente, se aprecian muchos cambios. Tu paciencia con su ritmo hoy es una inversión para sus futuras competencias e independencia.

Compara el progreso de tu hijo con sus capacidades en el pasado. En lugar de compararle con los demás, observa si está progresando y en qué aspectos se está quedando atrás. Cuestiónate si el entorno y el trato que recibe contribuyen a su progreso o lo perjudican. No hay que obsesionarse demasiado con los plazos de los hitos, sino evaluar si su progreso es suficiente. Un conocimiento general de las etapas del desarrollo puede servirte de guía. No obstante, si sigues preocupado y crees que tienes motivos para estarlo, consulta a un médico.

Intenta

- ✓ **Intenta esperar y observar.** Entrénate para no intervenir. En lugar de eso, observa. Sé amable y comprensivo: no le metas prisa a tu hijo. Dale la oportunidad de perseverar. Espera a que pida ayuda o se frustre demasiado antes de intervenir.

➔ Cuando tu hijo hace la cama, lo verás enfocado en el proceso de meter las esquinas o estirar la sábana. El resultado es menos importante y mejorará con la práctica. Dale tiempo suficiente hasta que esté satisfecho.

✓ **Intenta protegerle de otras personas que intentan hacer cosas por él.** A menudo, todo lo que tu hijo necesita es simplemente más tiempo. También se beneficia de que quienes le rodean crean en él y respeten su actividad.

➔ Si le cuesta un poco y se toma su tiempo para averiguar cómo ponerse las botas, enséñale a la abuela un buen sitio para que le observe desde la distancia y evita que ella se haga cargo de la tarea.

EVITA

✗ **Evita las prisas.** Es tentador apresurarle, pero el proceso interno de tu hijo tiene un ritmo que no puede sobrepasar. Sus tiempos son diferentes y se sentirá estresado. Hay un riesgo de que se sienta inadecuado o piense que le pasa algo porque no puede seguir tu ritmo.

➔ Planifica más tiempo cuando tengas que salir de casa, tu hijo podrá vestirse tranquilamente sin tu ayuda. Recuerda que se trata de un trabajo importante para él.

✗ **Evita impacientarte con su progreso.** Compara a tu hijo con quien era ayer y verás que sí está progresando. Evita compararle con sus amigos.

➔ Puede que tu hijo no camine a los doce meses previstos, pero piensa que dentro de unas semanas o meses estarás yendo detrás de él por todas partes.

EN RESUMEN

Tu hijo es el agente de su propia maduración. Nadie puede hacerlo por él ni acelerar el proceso. Necesita tiempo para poder hacer las cosas a su ritmo. Desarrollarse es un esfuerzo tremendo y lleva su tiempo. Ten paciencia y permanece atento.

DÉJAME CRECER RODEADO DE ORDEN

> El impulso del niño por el orden forma parte de su vida, y lo defiende lo mejor que puede. Sin embargo, es este impulso lo que a menudo llamamos «mal comportamiento» en un niño.
>
> **María Montessori**
> (Montessori, 1989, p. 9)

El orden es fundamental para la formación del cerebro de los niños. Montessori se dio cuenta de que están especialmente predispuestos a buscar el orden y la estructura desde el nacimiento hasta los dos o tres años. Como vimos, la flexibilidad cognitiva es una función ejecutiva que se desarrolla paulatinamente a lo largo de toda la infancia. Esto significa que cuanto más pequeño es el niño, más orden requiere porque su mente es menos flexible. Al ser nuevos en este mundo, los bebés intentan comprender cómo funcionan las cosas. Mientras se orientan y encuentran sentido al caos, el orden externo les proporciona previsibilidad, continuidad y familiaridad, y los hace sentirse seguros y relajados. Experimentar patrones y estructuras externos ayuda a tu hijo a crear su comprensión interna de cómo funcionan las cosas. El orden externo crea orden mental interno y, con él, la capacidad para ser más flexible y afrontar los cambios.

El orden se presenta de distintas formas: el entorno físico, las secuencias temporales y el orden social. Los niños necesitan un entorno organizado y sencillo, con objetos en los lugares esperados. Precisan orden en el tiempo, que procede de rutinas diarias regulares que le ayuden a predecir y comprender su día. Requieren orden social, en forma de normas y límites coherentes, que los apoyen a comprender las relaciones humanas y a adaptarse a su comunidad. Cuanto más orden se cree a su alrededor, más fácilmente se adaptarán a su mundo. Por último, al proporcionar orden estás facilitando la clasificación mental y favoreciendo el desarrollo de la lógica, la abstracción y la flexibilidad cognitiva.

Cuando las cosas cambian constantemente, les puede resultar molesto y agotador porque pierden el rumbo. Cuanto más pequeños sean, menos flexibilidad mental tienen. Los cambios los desconciertan porque ponen en tela de juicio su concepción actual, y se inquietan al descubrir que las cosas no son como pensaban. A menudo, en la primera infancia, cuando los niños se frustran o enfadan es porque se ha alterado el orden al que estaban acostumbrados. Por supuesto, también tienen capacidad para adaptarse a los cambios y pueden tener cierta flexibilidad; sin embargo, necesitan una base fiable de estructura y continuidad para relajarse y prosperar. Cuando conocen las rutinas y el lugar al que pertenecen las cosas, adquieren una sensación de autonomía e independencia. Los cambios graduales pueden ayudarles a practicar y reforzar su flexibilidad cognitiva.

Intenta

✓ **Intenta proporcionar orden en el tiempo.** Tu hijo necesita rutinas regulares y que se produzcan los mismos acontecimientos a horas similares cada día, sobre todo en torno a la comida y el sueño. Esto ayuda su desarrollo biológico y a regular su reloj interno. Cuando no prestas atención a sus rutinas, su capacidad de adaptación se pone a prueba y puede ponerse de mal humor o estar muy alterado.

➔ Las comidas regulares ayudan a tu hijo a entender el día y autorregular su hambre. Acostarlo siempre a la misma hora le ayuda a regular su organismo y a dormir mejor.

✓ **Intenta proporcionar un espacio ordenado.** Cada cosa debe tener su sitio. Tu hijo lleva la cuenta de dónde van las cosas y le encanta devolverlas allí. Esto le da autonomía.

➔ Si mueves la papelera, podría enfadarse o devolverla a su lugar original. Déjalo. Le encanta que cada cosa esté en su sitio y se mantenga justo ahí. No esperes que tenga flexibilidad mental cuando no está preparado evolutivamente para ello.

✓ **Intenta respetar la secuencia de acciones en cada actividad.** Tu hijo busca entender la forma habitual de hacer las cosas. Está asimilando las secuencias y eso le ayuda a desarrollar su lógica.

➔ Asegúrate de colocar el pijama y la toalla como lo haces siempre junto a la bañera antes de empezar su baño. Si un día se te olvida, él te lo recordará de la forma en que pueda comunicarse.

Evita

- ✘ **Evita ignorar cómo le afectan los cambios.** Empatiza con tu hijo cuando se produzcan cambios. Ponte en su lugar y comprende su percepción del mundo. Ayúdale a manejar sus emociones durante las transiciones.

  - ➔ Cuando te haces un corte de pelo drástico o te tiñes el pelo, puede que se moleste porque tu aspecto es muy distinto al que está acostumbrado. Su sensación de seguridad se ve alterada y solo necesita tu comprensión.

- ✘ **Evita ser demasiado rígido.** Las rutinas de tu hijo deben ser constantes, pero a veces puede haber cambios y se podrá adaptar a la situación. Asegúrate de mostrarte calmado para poder tranquilizarle durante la transición, cuando haya que cambiar una rutina.

  - ➔ Si los abuelos están de visita o estás de viaje, no pasa nada si se acuesta un poco más tarde de lo habitual. Tu tranquilidad le ayudará a adaptarse a lo nuevo.

- ✘ **Evita cambiar demasiadas cosas a la vez.** Puedes introducir pequeñas modificaciones gradualmente, teniendo en cuenta la capacidad de adaptación de tu hijo.

  - ➔ Si tu hijo está a punto de empezar a ir a la guardería y su rutina matutina va a cambiar, empieza a prepararlo acercándote poco a poco a su nueva rutina. Puedes comenzar a despertarlo a una hora más temprana, desayunar y salir de casa como lo harías una vez que esté en la guardería para que se acostumbre al nuevo ritmo.

EN RESUMEN

A los niños les gusta el orden externo porque les ayuda a construir su orden interno más rápido y fácilmente. Pueden asumir cambios graduales y así practicar la flexibilidad de pensamiento. Los niños también se adaptan a entornos caóticos, pero les cuesta más tiempo y esfuerzo entender el mundo. El orden externo también parece afectar la claridad de pensamiento. Cuando entiendas hasta qué punto afecta el orden a tu hijo, podrás comprender mejor su comportamiento y ahorrarte muchas rabietas.

DOMINIO

DÉJAME JUGAR Y TRABAJAR

> La madre sabia recordará que el tiempo de juego nunca se desperdicia. Mientras los niños estén absortos, estarán trabajando en su propio desarrollo, porque los niños prefieren trabajar a jugar.
>
> **María Montessori**
> (Montessori, 2017, p. 19)

Para tu hijo, el trabajo es juego y el juego es trabajo. Lo que los adultos llaman «juego» es en realidad trabajo para tu hijo. Montessori descubrió que, lejos de la concepción habitual de los adultos de que «el juego de los niños» no tiene rumbo ni seriedad, cuando los dejas jugar en libertad, su actividad incesante tiene bastante propósito y ventajas para su desarrollo (Montessori, 2017, p. 31). Poder actuar espontáneamente les encanta porque satisface su profunda necesidad de ser más competentes e independientes. Montessori elevó el concepto de las ocupaciones y el «juego» de los niños al de «trabajo» vital. Como solía decir: «El niño solo puede desarrollarse plenamente mediante la experiencia en su entorno. A esas experiencias las llamamos "trabajo"» (Montessori, 2007a, p. 88).

Cada vez que tu hijo juega, está «trabajando» para construirse a sí mismo. Refuerza su imaginación y aplica su mente a la resolución de problemas hipotéticos, practica su lenguaje, coordina sus movimientos y categoriza. Cuando participa en juegos imaginativos, ensaya diferentes escenarios sociales y aprende sobre sí mismo, los demás, las emociones y las normas sociales. Aprende a ser líder, a negociar, a colaborar y a integrarse en la sociedad.

Por otra parte, los niños tienen una inclinación natural a trabajar participando en las tareas del hogar, de la «vida práctica», lo que no solo les ayuda a sentirse incluidos, sino que también les brinda magníficas oportunidades para su desarrollo. Tu hijo se sentirá naturalmente atraído por limpiar, cocinar, doblar, lavar y cuidar de sí mismo y de la casa. Por eso, preparar las condiciones para que pueda hacer estas cosas refuerza el desarrollo de muchas habilidades fundamentales necesarias más adelante para su desarrollo intelectual y social. Por ejemplo, doblar servilletas por la mitad y, más adelante, en formas más complicadas, proporciona a los niños una experiencia encarnada de la geometría y refuerza sus conocimientos lógico-matemáticos, lo que sienta las bases para futuros estudios de matemáticas. Las actividades de la vida práctica mantienen a tu hijo enfocado en ocupaciones útiles con un propósito claro, le ofrecen la posibilidad de concentrarse, coordinar movimientos y autocontrolarse. Le dan la oportunidad de cooperar, ser útil y pertenecer a un grupo; además, suelen tener una relación causa-efecto tangible, de modo que puede ver los resultados de sus acciones, aprender y experimentar cómo sus esfuerzos contribuyen a la comunidad. Imagina su alegría al comer y compartir un pan que ha ayudado a amasar.

Tu hijo es un trabajador imparable. Tiene la colosal tarea de construir a la futura persona en la que se convertirá. Lo hace a través de interacciones concretas con su entorno, con el trabajo y el juego.

Intenta

✓ **Intenta ofrecer oportunidades de trabajo real y útil.** El tipo de actividad ideal para los niños son las tareas domésticas que implican cuidar de sí mismos, de los demás y del entorno. Ofrécele una progresión gradual de dificultad para que avance hacia el dominio. Asegúrate de que los instrumentos que le das funcionen bien y le ayuden a tener éxito en la tarea, de forma segura. Permanece al tanto de los peligros.

- ➔ Tu hijo puede ayudarte a limpiar la mesa de cristal usando una botella con atomizador, agua y un paño. Le puedes mostrar cómo limpiar la superficie. Una vez que sientas que lo ha superado, puedes invitarle a que limpie la superficie de abajo, lo cual es más complicado.

✓ **Intenta dejar que juegue con su imaginación.** Tu hijo creará mundos imaginarios. El juego imaginativo es precursor del desarrollo de la lógica y con él practica la vida en sociedad. Simula escenarios y prueba distintas estrategias para aprender a ser un miembro activo de su comunidad.

➔ Cuando juega a «ir al supermercado», practica la secuencia de acontecimientos, cómo saludar a la señora de la caja y cómo pedir un producto. No necesita el último juguete de la tienda, al contrario, cuando crea su propio decorado con productos de la despensa y objetos domésticos, también utiliza su imaginación y creatividad.

Evita

✗ **Evita menospreciar sus esfuerzos por inútiles.** Cuando subestimas sus juegos o esfuerzos por ayudar, recibe el mensaje oculto de que su trabajo no es importante, aunque para él sea algo serio.

➔ Ten cuidado con tus palabras y con el sarcasmo cuando hables con tu amigo de lo mucho que ha barrido tu hijo: te puede oír y percibir si respetas o no sus intentos. Si menosprecias lo que hace, lo perjudicas y lo desmotivas.

✗ **Evita apagar su entusiasmo natural.** Las ideas preconcebidas de los adultos pueden arruinar la tendencia natural de los niños a disfrutar del trabajo. Si gozas de las actividades cotidianas sencillas, tu actitud será contagiosa.

➔ Si estás cultivando un huerto y tu hijo quiere participar, busca tareas significativas que pueda hacer junto a ti. Desde pequeño puede arrancar las malas hierbas y meterlas en una cesta o bolsa, y luego llevarlas al cubo de composta. Una secuencia de actividades básica y clara que contribuya de manera tangible y real le mantendrá ocupado, aprendiendo y satisfecho.

EN RESUMEN

Los niños viven en el presente, sumergidos en sus ocupaciones. Tómate en serio las actividades de tu hijo. El juego infantil, tanto imaginario como real, es universal, como lo es el afán de todo niño por participar en el trabajo. Ambos son esenciales para construirse a sí mismos. Como decía María Montessori, los niños llevan un trabajador incansable dentro.

DÉJAME VER CÓMO LO HACES TÚ

> No les digas cómo hacerlo. Muéstrales cómo hacerlo y no digas ni una palabra. Si se lo dices, observarán cómo mueves los labios. Si les enseñas, querrán hacerlo ellos mismos.
>
> **María Montessori**

Los niños están predispuestos a aprender observando y copiando. Los humanos tenemos un tipo especial de células cerebrales llamadas neuronas espejo. Las mismas neuronas se activan cuando realizamos una acción (como movernos o comer) o cuando vemos a otra persona hacerlo. Cuando le enseñas a tu hijo un movimiento en detalle y a cámara lenta, asimila cómo hacerlo. Su cerebro se pone en marcha como si estuviera realizando la acción. Ten en cuenta que tus movimientos automatizados son nuevos, difíciles y emocionantes para él. Enséñaselos despacio y claramente.

Cuando hablas y le muestras cómo hacer algo al mismo tiempo solo puede concentrarse en tus palabras o en tus acciones. Como solo puede controlar parcialmente su atención, tendrá que elegir. En la mayoría de los casos, el lenguaje acapara toda su atención y no es capaz de asimilar todos los detalles de las acciones. Esto reducirá sus posibilidades de éxito cuando intente copiarte. Como su mente racional aún no ha madurado, no es capaz de seguir tus explicaciones lógicas de adulto. Tus palabras pueden resultarle abstractas y no le ayudarán tanto como ver tus movimientos en cámara lenta. Muéstrale y, mientras le muestras, no le hables.

Intenta

✓ **Intenta preparar todos los elementos antes de empezar a mostrar una actividad.** Es importante planificar lo que vas a necesitar y pensar con lógica en la secuencia que vas a seguir. Facilita la concentración de tu hijo eliminando distracciones y movimientos superfluos, como ir a buscar objetos. Coloca los objetos en el orden de uso antes de empezar. Puedes decirle los nombres de estos antes de empezar a mostrarle cómo realizar la acción.

➔ Si vas a enseñarle a rellenar el recipiente de la avena, necesitarás el paquete de avena, el recipiente vacío y una cuchara.

✓ **Intenta descomponer acciones complejas en movimientos sencillos y claros.** En silencio, muéstrale a tu hijo un movimiento cada vez. Elimina los movimientos que no sean necesarios porque también los copiará. Ve más despacio, haz una pausa entre los movimientos y aísla cada uno de ellos. Tus movimientos pueden parecer un poco robóticos, pero eso le ayuda.

➔ Enséñale a llenar el tarro desglosando los movimientos uno a uno, con claridad y en silencio:

1. **Abre el tarro.** Toma el recipiente con una mano, agarra la tapa con la otra. Pausa. Gira la tapa. Pausa. Levanta la tapa. Pausa. Baja la tapa y colócala en el mostrador.
2. **Muestra deliberadamente cómo se llena la cuchara.** Toma la cuchara lentamente. Pausa. Introduce la cuchara en el paquete. Pausa. Inclina la cuchara para llenarla de avena. Pausa. Sácala lentamente del paquete.
3. **Muéstrale deliberadamente cómo pasar con cuidado la avena al recipiente abierto.** Mueve la cuchara hasta la parte superior del tarro abierto. Pausa. Inclina la cuchara para verter su contenido en el recipiente.
4. **Repítelo una vez más.**
5. **Deja que tu hijo lo intente a su manera.** Observa desde atrás disimuladamente.

Evita

- ✘ **Evita movimientos innecesarios.** No hagas dos cosas a la vez. Divide tus acciones automáticas en sus movimientos elementales. Muestra precisión cuando te muevas porque así será más fácil que tu hijo siga lo que haces y te copie.

  ➔ Mientras le enseñas a meter la silla suavemente debajo de la mesa, evita recoger el trapo del suelo. Pensará que forma parte de la secuencia y lo copiará.

- ✘ **Evita corregirle cuando intente algo.** Ten paciencia y enséñale cómo lo haces tú en otra ocasión. Con el tiempo, mejorará su técnica.

  ➔ Si tu hijo derrama el cereal entre la caja y el recipiente, observa y date cuenta de que gira la cuchara demasiado pronto. No le corrijas directamente. Enséñaselo de nuevo al día siguiente o pregúntale de forma neutra si puede volver a intentarlo. Cuando le vuelvas a mostrar, hazlo despacio y exagera un tanto el movimiento que le costó hacer.

- ✘ **Evita microgestionar a tu hijo.** Mantente abierto y respeta su manera de hacer las cosas, está experimentando y todos tenemos nuestro propio modo. Es probable que no lo haga exactamente como tú le has enseñado.

  ➔ Si tu hijo solo llena la punta de la cuchara, simplemente observa. Le llevará más tiempo, pero está perfeccionando sus movimientos. Pronto se dará cuenta de que es más eficaz llenarla más y se adaptará. No hay ninguna prisa.

EN RESUMEN

El joven cerebro de tu hijo aprende mejor observando y copiando que siguiendo explicaciones lógicas. Tiene neuronas espejo y lo copia todo. Te observa todo el tiempo y también absorbe y copia tu actitud, incluso cuando no eres consciente de ello.

PERMÍTEME REPETIR Y REPETIR

> El cerebro se desarrolla con el tiempo, con una acumulación constante de repeticiones y exposiciones; cada momento es una oportunidad para reforzar patrones positivos o negativos. Una vez que se inicia un patrón, se convierte en algo así como un surco o una rutina, lo que hace que un comportamiento similar sea más fácil, y más probable que se repita.
>
> **Bruce Perry**
>
> (Perry & Szalavitz, 2007, p. 272)

Tu hijo tiende a repetir lo que hace hasta que alcanza un nivel de perfección que le satisface. Cuando repite, ciertas conexiones cerebrales se refuerzan. Los movimientos se automatizan al hacer lo mismo una y otra vez. Con el tiempo, experimenta más facilidad y eficacia y se forman hábitos. A través de la repetición, se sumerge en niveles más profundos de concentración, y esta es clave para que adquiera conocimientos y domine habilidades. Cuando uno se concentra, la información se fija mejor. Como decía Montessori, la repetición es la puerta de entrada a la concentración.

A medida que tu hijo repite, no solo alcanza el dominio, sino que también se desarrolla su carácter: se vuelve más paciente y más capaz de afrontar la frustración. Aprende a perseverar a pesar de los obstáculos y a llevar algo a buen puerto. Su fuerza de voluntad se fortalece con cada iteración. El esfuerzo que supone repetir refuerza sus habilidades físicas, su autocontrol y, por lo tanto, su carácter.

Intenta

✓ **Intenta facilitar la repetición espontánea.** Ofrécele oportunidades en la vida cotidiana donde pueda practicar lo mismo varias veces.

➔ Repetir puede significar abrir la puerta con la llave, pulsar el botón del ascensor o poner la carta en el buzón todos los días. No tiene por qué ser un intento tras otro.

✓ **Intenta fomentar la repetición en todos los ámbitos.** Comprende que la repetición no solo se produce con actividades tangibles, sino también con el lenguaje y las interacciones sociales. El lenguaje repetido es esencial para que tu hijo adquiera palabras y conceptos.

➔ Cuando te pide que le leas el mismo libro por décima vez, es porque está aprendiendo vocabulario, conceptos y a recrear frases. Busca la repetición porque le ayuda a aprender.

Evita

✗ **Evita que repita comportamientos negativos.** El ser humano se convierte en lo que repite. Evita que reitere acciones que tengan efectos nocivos, ya que pueden convertirse en malos hábitos. Redirige su comportamiento o sus palabras hacia algo positivo.

- ➔ No dejes que hable mal de su hermano. Enséñale a expresarse sin hacer daño a nadie.

- × **Evita interrumpirle cuando esté repitiendo.** Lo ideal es que practique la misma actividad antes de pasar a otra nueva.

  - ➔ Si tu hijo repite alegremente el mismo juego una y otra vez, no caigas en la tentación de proponer uno nuevo. Instintivamente busca mejorar.

EN RESUMEN

Cuando tu hijo insiste en repetir, no es terquedad ni capricho, es la forma humana de aprender. Como dice Montessori: «La repetición es el secreto de la perfección» (2007b, p 94). Es un eslabón muy importante no solo para perfeccionar sus habilidades, sino también es el camino que culmina en la concentración.

DÉJAME TERMINAR LO QUE EMPECÉ

> Debe llevar a cabo la actividad hasta su conclusión, existe un impulso vital para completar la acción. Los adultos no deben interferir para detener ninguna actividad infantil, por absurda que sea, ¡siempre que no sea demasiado peligrosa para la vida y la integridad física! El niño debe llevar a cabo su ciclo de actividad.
>
> **María Montessori**
> (Montessori, 2007e, p. 44)

Montessori observó el impacto positivo de completar «ciclos de actividad» en el desarrollo físico y psicológico del niño (término acuñado por ella). Un ciclo de actividad empieza cuando un niño recoge el objeto de su lugar habitual y termina cuando lo vuelve a dejar allí. Estos dos actos marcan claramente el inicio y el final de su actividad y forman una imagen mental de inicio y finalización de la tarea. Independientemente del grado de éxito que haya tenido con la tarea real, ser capaz de empezar y terminar la actividad con éxito y devolver las cosas al orden esperado fomenta la sensación de que es capaz y le anima a seguir practicando y perfeccionando, lo que eventualmente conduce a la concentración. También le da autonomía para decidir cuándo ha terminado de practicar; por ejemplo, puede hacer muchas repeticiones o darse por satisfecho practicando solo una parte de la actividad y guardándola.

Cerrar ciclos de actividad tiene muchos beneficios para el niño. «Cerrar» la tarea le da una sensación de satisfacción, además de competencia, porque puede sentir de forma tangible «¡lo logré!». Cada vez que a tu hijo le das los medios para hacer algo de principio a fin, gana confianza en su capacidad para afrontar las emociones difíciles que conllevan los retos. Es posible que no pueda realizar o completar la tarea a la perfección o, incluso, en absoluto y, por lo tanto, al tener un punto final claro y alcanzable que incluya algunas acciones que pueda llevar a cabo bien, puede sentir sensación de logro a pesar de ello. Terminar ciclos refuerza aún más el sentido del orden de tu hijo en un momento en el que es especialmente sensible al mismo, y le ayuda a desarrollar su lógica porque le da una secuencia concreta de pasos a seguir. Esto fomenta la abstracción y el pensamiento analítico. Completar ciclos es, además, una de las formas más eficaces de inculcar indirectamente el sentido de la responsabilidad y de rendir cuentas al servicio de la comunidad: cuando devuelve algo a su estado original, está cuidando de los demás.

Intenta

- ✓ **Intenta ayudarle a completar los ciclos de actividad.** Para los niños, ordenar es una parte atractiva del proceso y un trabajo beneficioso para su desarrollo. Trata de ver la finalización de ciclos con la misma seriedad que cuando les enseñas una nueva habilidad o el uso de un material o herramienta. Enseña a tu hijo a terminar y recoger todos los objetos hasta dejarlos en su estado ordenado original.

    - ➔ Cuando termine de comer, enséñale a llevar sus platos y cubiertos al fregadero o al lavavajillas. Proporciónale un paño para limpiar la mesa. Aunque al principio resulte simbólico o no sepa hacerlo muy bien, aprenderá el orden: comer, recoger y finalmente limpiar la mesa. Con el tiempo, aprenderá el hábito y perfeccionará el proceso, y podrás ir añadiendo pasos y complejidad.

- ✓ **Intenta concentrarte en la secuencia del proceso más que en el resultado.** La capacidad de tu hijo para cerrar un ciclo y guardar las cosas dista mucho de ser perfecta al principio, ten paciencia. Sigue mostrándole el proceso y la secuencia y acabará integrándolo y siendo capaz de reproducirlo.

    - ➔ Aunque no consiga construir el rompecabezas todavía, al colocar todas las piezas en la caja y devolverla a la estantería se queda conforme por hoy. El reto puede ser suficiente por el momento y, al poder guardarlo, no se sentirá derrotado.

EVITA

- **Evita interrumpir su atención.** Respeta su ritmo y no cortes su actividad. Cuando se le interrumpe, pierde la concentración y probablemente el interés. Dale la oportunidad de practicar a su gusto y de poder terminar cuando le resulte natural. Aunque a ti te parezca banal, para él es importante.

  ➔ Deja que lave sus botas de lluvia hasta que piense que ha terminado. Todo el proceso consiste en dejar todos los objetos dónde y cómo los encontró.

- **Evita saltarte la fase de limpieza.** Guardar es la última etapa y una importante para el cierre. Evita el prejuicio de pensar que limpiar es una pérdida de tiempo o que tu hijo es incapaz de hacerlo. Es importante para su desarrollo porque perfecciona sus movimientos, su capacidad de planificación y su lógica. No pienses que estás ayudándole cuando limpias lo que él ensucia. Al contrario, ralentizas su progreso y le inculcas malos hábitos difíciles de romper más adelante.

  ➔ Después de bañarse, enséñale a poner la ropa sucia en su cesto y la toalla en su gancho. Puede arreglárselas para hacerlo desde que sabe caminar y se siente capacitado cuando puede asumir responsabilidades; además, despierta su sensibilidad por el orden y la belleza.

EN RESUMEN

Pedagógicamente, terminar los ciclos de actividad es tan importante como empezarlos. Aprovecha que en este momento le atrae mucho el orden para inculcar la responsabilidad de devolver el entorno a su estado habitual. Tu hijo alcanzará el éxito y la independencia mucho más fácilmente si le das la oportunidad de llevar a cabo su actividad de principio a fin. Su esfuerzo y la secuencia del proceso son más importantes que un resultado perfecto. Con el tiempo, el hábito de terminar los ciclos se traducirá en el hábito de efectuar las acciones o los proyectos que haya decidido iniciar y llevarlos a su término.

DÉJAME TOCARLO

> [El niño] construye al hombre futuro por medio de sus actividades. Lo hace con sus manos, por experiencia, primero en el juego y luego a través del trabajo. Las manos son los instrumentos de la inteligencia del hombre.
>
> **María Montessori**
> (Montessori, 2007a, p. 23)

Los niños son aprendices «sensoriales»: cuando tocan, sienten, huelen, ven, oyen y saborean, descubren el mundo y absorben información. Estas impresiones recopiladas son los ladrillos que necesitan para construir su intelecto. Ten en cuenta que el cerebro de tu hijo depende de sus experiencias: cuando manipula objetos, su mente clasifica sus cualidades en olores, pesos, tamaños etc.; la única forma de que tu hijo aprenda es experimentando el mundo directamente a través de su cuerpo, con todos sus sentidos. En sus primeros años, los niños no aprenden tan fácilmente si se les da un sermón y se les deja quietos. Sus habilidades y conocimientos se construyen a lo largo de muchas interacciones repetidas con su entorno.

Los seres humanos utilizamos experiencias concretas para generalizar el conocimiento comparando, contrastando, clasificando, refinando hipótesis, etc. Esta es la base del aprendizaje. Los niños utilizan la información de un contexto para extrapolarla a otro y, a lo largo de muchas vivencias, deducen cómo funciona el mundo. A partir de todas sus experiencias tangibles, sensoriomotrices, forman conceptos sobre objetos, personas, emociones, normas sociales, etc. Cuando tu hijo interactúa activamente con el mundo, está desarrollando su inteligencia y su capacidad de abstracción. Cuantos más sentidos utilice, más rica será la experiencia de aprendizaje. Es esencial para su desarrollo intelectual que le permitas tocar, oler y manipular las cosas.

Intenta

✓ **Intenta dejar que ejercite todos sus sentidos.** Un entorno rico es esencial para afinar sus sentidos. Dale acceso a una variedad de objetos de distintos pesos, longitudes, volúmenes, colores, texturas y temperaturas. Arregla la casa para que se sienta cómodo cuando interactúe con su contenido.

➔ Cuando sale a pasear por la naturaleza, puede detenerse y sentir cada detalle (como el viento en su piel). Cuando manipula palos y hojas, está recopilando una inmensa cantidad de información para su cerebro.

✓ **Intenta darle tiempo suficiente para experimentar y asimilar directamente su mundo.** El cerebro de tu hijo está siempre activo. Si te sientes impaciente, recuerda que el tiempo es importante para su desarrollo.

➔ Es esencial que pueda pararse a mirar la hormiga y a oler la rosa. No es una pérdida de tiempo, está estableciendo conexiones neuronales.

EVITA

✗ **Evita ser demasiado permisivo.** No dejes que toque todo o haga todo lo que quiera. También busca límites y necesita aprender a ser respetuoso con las cosas y las personas.

➔ Puede aprender rápidamente que cada vez que quiera tocar el piano tiene que lavarse las manos primero. No es necesario que restrinjas su actividad, pero muéstrale formas aceptables de hacerlo.

✗ **Evita frustrarte en exceso cuando las cosas vayan mal.** Inevitablemente, romperá y manchará cosas. Está intentando captar todos los detalles y aún no controla totalmente su cuerpo. Guíale para que evite estos errores en la medida de lo posible y ayúdale a arreglar las cosas cuando los cometa.

➔ Si se le cae el plato de galletas, ten paciencia. Necesita practicar el transporte de cosas porque le ayuda a adquirir el sentido del peso, la temperatura y el tamaño. No le gusta que le ocurran cosas así y, naturalmente, será más precavido la próxima vez.

EN RESUMEN

El cerebro de tu hijo necesita exponerse a una variedad de experiencias para terminar de conectarse. Protege y permite interacciones directas con el entorno. Necesita sentirlo con todos sus sentidos y manipular cosas de este. No restrinjas su actividad, céntrate en modificar el entorno para permitir interacciones seguras e interesantes.

DÉJAME OÍR UN LENGUAJE RICO

> Los bebés nacen con el instinto de hablar, igual que las arañas nacen con el instinto de tejer telarañas. No hace falta entrenar a los bebés para que hablen; simplemente lo hacen.
>
> **Steven Pinker**
> (Pinker, 2015)

Tu hijo está programado de forma innata para absorber el lenguaje de su entorno. El lenguaje es una herramienta intelectual, social y emocional esencial: cuanto más rico sea el vocabulario que reúna, más afilada será su herramienta. El lenguaje le ayuda a adquirir y organizar conceptos mentales. A medida que acumula experiencias y las relaciona con palabras, su cerebro organiza la información como si creara el catálogo de una biblioteca. Cuanto más completo, detallado y matizado sea el vocabulario que le rodea, más interconectado estará su sistema de conceptos. Cuanto más organizado y claro sea su conjunto de conceptos mentales, más fácil le resultará pensar, acceder a la información y recuperarla, y expresar sus pensamientos con precisión. El lenguaje organiza su mente y le ayuda a construir un intelecto poderoso.

Además, se ha demostrado que la cantidad y la calidad del lenguaje al que están expuestos los niños en sus primeros dos o tres años determinan su futuro nivel de alfabetización y sus habilidades lectoras. Hay evidencias sólidas de que la cantidad de lenguaje al que están expuestos tanto oral como a través de la lectura, está relacionada con su éxito en la vida (Asmussen, 2018). Háblale a tu hijo desde el vientre materno. Cuando nazca, sigue hablándole, aunque no te conteste. Puede resultar incómodo al principio, pero es esencial para que pueda imitarte y aprender de ti. Aunque parezca pequeño, su cerebro necesita variedad y complejidad lingüística. Su cerebro está en su máximo potencial y es lo más plástico que jamás será. Depende de ti para que le proporciones un lenguaje frecuente y rico que pueda absorber. Hablarle desde que es bebé (aunque no responda) no es solo para conectar o aprender a hablar, es un alimento intelectual.

Intenta

- ✓ **Intenta hablarle desde el principio y con frecuencia.** Tú eres su principal fuente de lenguaje. La calidad de tu vocabulario sembrará las semillas para la evolución de su cerebro. Necesita oír a diario un lenguaje rico y variado.

    - ➔ Cuando tu hijo llora, a veces basta con el sonido de tus palabras tranquilizadoras para que deje de hacerlo. Cuéntale un cuento o cántale una canción. Le fascina el lenguaje.

- ✓ **Intenta hablarle con normalidad.** Utiliza términos adecuados cuando hables con tu hijo, como haces con otros adultos. Sé concreto. No temas que las palabras sean demasiado complicadas para él, le encantan y busca palabras complejas. La diversidad y precisión le enriquecen. Contrariamente a la creencia popular, no ayuda que le hagas el lenguaje más simple. Su cerebro necesita estímulos intelectuales y tú eres el principal proveedor.

- ➔ Llama a los animales por su nombre correcto. Tu hijo puede que primero diga «perro» para referirse a cualquier tipo de animal peludo con cuatro patas, pero pronto distinguirá a los perros de los gatos y los llamará por su nombre. Después, disfrutará cuando le enseñes que este perro es un dálmata y que el otro es un labrador. Evita llamar a los perros «guau-guau», aunque tu hijo lo haga al principio.

✓ **Intenta proporcionar un lenguaje diverso.** Tu hijo necesita oír conversaciones reales y normales con personas variadas; oír el lenguaje en sus distintas formas, como canciones, rimas, poemas, libros, cuentos orales y juegos que jueguen con el lenguaje. Cada uno tiene un ritmo, una repetición y un estilo especiales, y todos captan su atención. Recuerda ceñirte a mensajes positivos; sáltate los versos violentos.

- ➔ Cuéntale historias con entusiasmo sobre acontecimientos cotidianos, sobre tu pasado, sobre animales o anécdotas de cuando era bebé. Describe lo que estás haciendo (por ejemplo, en el baño o mientras le vistes). Léele a menudo. Comparte tus pensamientos. Tu hijo aprenderá de todas estas interacciones y al mismo tiempo estrecharán lazos.

- **Evita hablarle en «lenguaje infantil».** No uses palabras demasiado simplificadas que no sean precisas. No utilices siempre los mismos términos, es importante que escuche variedad. Las investigaciones han demostrado que los padres utilizan de forma natural un tono especial llamado *motherese* o *parentese* que a los bebés les resulta atractivo (Kuhl, 2011). Sigue tus instintos naturales en la forma de hablar, pero utilizando palabras normales.

    ➔ Evita estancarte en utilizar solo las pocas palabras que tu hijo pueda reproducir o con las que creas que está familiarizado. Limitará y ralentizará su adquisición de lenguaje. En lugar de decir solo médico, usa «dentista» u «oftalmólogo». A los niños les encantan las palabras sofisticadas e intentarán repetir palabras largas y complicadas.

- **Evita utilizar términos demasiado generales o sustitutos.** En su lugar, emplea los términos y nombres correctos para los objetos, aunque te suponga un mayor esfuerzo, ya que esto favorece la adquisición de vocabulario de tu hijo, enriqueciendo su alfabetización.

    ➔ Evita: «Pásame la cosita». En su lugar, dile: «Pásame el salero».

- **Evita ignorarle si te pregunta el significado de una palabra complicada.** Sé humilde cuando no sepas el significado; admítelo y búsquenlo juntos. Este es el momento en el que recopila información para construir su intelecto y su mapa del mundo.

→ Si te pregunta cómo se llama el «bicho» que está mirando, dile que es un tipo de araña. Si no lo conoces, búsquenlo y averígüenlo juntos.

EN RESUMEN

Proporcionar a tu hijo un lenguaje diario, rico y frecuente es probablemente la forma más fácil y económica de darle una ventaja notable en la vida. Las investigaciones relacionan el lenguaje temprano con la reducción de la brecha de la pobreza y el éxito en la vida (Leffel & Suskind, 2019). Es una forma probada, agradable y barata de mejorar sus oportunidades.

Para más ideas sobre ofrecer un lenguaje rico y variado consultar www.micerebrosoloseconstruyeunavez.com

DÉJAME SER CURIOSO

> Un niño no sabe por qué le interesa un objeto o un movimiento concreto en un momento determinado. Lo importante es que le interesa, y que es natural que su mente crezca igual que su cuerpo, por lo tanto lo que le interesa en ese momento es adecuado a sus necesidades.
>
> **María Montessori**
> (Montessori, 2017, p. 23)

Los niños nacen con una curiosidad insaciable que los impulsa a absorber el mundo que los rodea. Sus intereses guían su motivación para buscar experiencias y conocimientos particulares en distintos momentos. Su curiosidad dirige su actividad y se ve influida por los periodos sensibles y las tendencias humanas. Los niños disfrutan observando, combinando, emparejando y contrastando objetos, experimentando con cosas. A través de este trabajo guiado por sus intereses, construyen sus habilidades progresivamente y sienten satisfacción.

Hay que apreciar la curiosidad, es el motor que motiva a tu hijo e impulsa su progreso. Es la forma en que sigue sus necesidades internas de desarrollo y encuentra la manera de satisfacerlas y madurar. La curiosidad es intrínseca en cada niño y es fácil darla por hecho; sin embargo, también puede desvanecerse o apagarse. Si los niños se sienten juzgados, minimizados o ignorados cuando comparten un interés suyo, pueden decidir que no es seguro compartir su entusiasmo. Mantente receptivo y atento a su curiosidad y síguela. Ofrécele oportunidades de aprendizaje relacionadas con sus intereses.

Intenta

✓ **Intenta detectar la verdadera incógnita de tu hijo.** Quizá te haga muchas preguntas desde su perspectiva, que probablemente será distinta de la tuya. Puede que busque entender algo diferente de lo que parece a primera vista. No pretendas saber de antemano lo que quiere aprender, mantente abierto y en sintonía con él. A menudo, es mejor responder con más preguntas hasta que comprendas bien lo que está rumiando.

➔ Si te pregunta: «¿Cómo nacen los bebés?», puede que tengas la tentación de explicarle cómo los perritos hacen bebés o de contarle la historia de la cigüeña; sin embargo, si te tomas el tiempo de indagar un poco más sobre lo que realmente quiere entender, te darás cuenta de que solo quería saber si los bebés nacen con o sin gafas.

✓ **Intenta guiarte por sus intereses.** La curiosidad de tu hijo puede orientarte a la hora de decidir qué experiencias y materiales pones a su disposición. Los intereses son pasajeros, cambian a medida que tu hijo evoluciona y madura. Sigue sus intereses.

➔ Si tu hijo pasa por una etapa de curiosidad sobre las ballenas y los tiburones, puedes llevarle al Museo de Historia Natural, leerle libros sobre el tema, contarle cuentos o hacerle tarjetas con dibujos y nombres de ballenas y tiburones.

EVITA

✗ **Evita revelar el resultado antes de tiempo.** No estropees el momento del descubrimiento adelantándote a tu hijo o revelándole algo que podría averiguar por sí mismo. No le robes la chispa del descubrimiento.

➔ Cuando tu hijo juega con juguetes en la bañera, no le digas cuáles flotarán y cuáles se hundirán. El proceso de descubrimiento le mantiene ocupado y buscando activamente aprender; además, le produce una gran alegría.

✗ **Evita interrumpir su atención espontánea.** Cuando tu hijo preste atención a algún detalle, permíteselo. Observa y ve qué aspecto de la experiencia parece atraerle.

➔ Si tu hijo se detiene porque el cartero está organizando los periódicos en el suelo, déjale ver un rato cómo el señor hace su trabajo. Simplemente no puedes saber qué aprendizaje está extrayendo, asume que si está absorto, es importante.

EN RESUMEN

Tu hijo es curioso por naturaleza, no le reprimas, pues la curiosidad es el motor que impulsa su avance y la semilla del entusiasmo por aprender. Sus intereses, por mundanos que te parezcan, reflejan sus necesidades de desarrollo. Obsérvalos atentamente. Te informan de cómo modificar el entorno para incluir actividades estimulantes.

DÉJAME ASOMBRARME

> Asombro: sentimiento de fascinación y admiración causado por algo bello, notable o desconocido.
>
> **Oxford English Dictionary** (2023)

Tu hijo tiene la capacidad única de vivir el presente y saborear cada momento. Se asombra, se maravilla y admira con facilidad porque muchas cosas le resultan desconocidas. Se queda absorto con un aspecto de su entorno o de su mundo interior. Estos momentos tienen un beneficio fisiológico relajante: su respiración y su ritmo cardiaco se ralentizan.

El asombro aparece en ciertos momentos en los que una persona está en contacto directo con el mundo, sin intermediarios. Es una experiencia profundamente personal y significativa. Cuando tu hijo se queda absorto mirando una mosca, está captando el mundo que le rodea y formando sus propias conclusiones. Tus juicios desviarán sus pensamientos y su experiencia. El objeto de su asombro puede ser pequeño, incluso ordinario, pero aun así lo más probable es que la experiencia sea muy edificante. No desperdicies esos preciosos momentos que encuentre en cualquier lugar. Disfrutar juntos del sentido del asombro les brinda la oportunidad de descubrir cosas nuevas y crea momentos de unión memorables.

Intenta

- ✓ **Intenta respetar los momentos en los que esté cautivado.** Tu hijo necesita que le dejen experimentar sin interrupciones. Ten la seguridad de que están ocurriendo cosas positivas en su interior, intelectuales y también emocionales.

    - ➔ Puedes ver a tu hijo ensimismado observando los dinosaurios en el museo o en el mercado cautivado por los olores o escuchando atentamente a un músico en el metro. Dale tiempo para que se sumerja en la experiencia.

- ✓ **Intenta empatizar con su asombro.** Déjate conmover por lo que descubre. Destaca lo que tiene de especial esa cosa o ese momento como si fuera la primera vez.

    - ➔ Déjale experimentarlo primero y mientras compartes el momento de asombro. Articula lo que sientes la primera vez que tu hijo vea un gran puente o un rascacielos, el mar o un cielo estrellado.

Evita

- ✗ **Evita apresurarle.** No interrumpirías a un amigo que está absorto por algo sin advertencia. Respeta a tu hijo de forma similar. Entrénate para darte cuenta cuando tu hijo está cautivado por algo.

    - ➔ Si se queda hipnotizado con la puerta del tren abriéndose y cerrándose, deja que la observe tantas veces como tengas tiempo.

- × **Evita mostrarte desinteresado o condescendiente.** No estropees el momento minimizando su experiencia. Expresa interés y dale tiempo para sentir y disfrutar.
  - ➔ Cuando tu hijo descubra una mariquita en una hoja, deja que la observe tranquilamente y se emocione. No estropees su momento especial.

EN RESUMEN

Los momentos de asombro encienden la curiosidad, la inspiración y la creatividad de tu hijo. Saborear ese instante es algo que hace de forma muy natural en la primera infancia, pero que por desgracia, es difícil de mantener en nuestra acelerada sociedad. Cultivar el asombro es una habilidad que aprende para toda la vida y que le permitirá disfrutar de la belleza del mundo y sentirse conectado con algo más grande que él mismo, introspectar y reflexionar sobre su lugar en el universo.

DEJA QUE ME ABURRA

> El aburrimiento es a menudo el precursor de la creatividad.
>
> **Kim John Payne**
>
> (Payne, 2020, p. 141)

Tu hijo se aburrirá a menudo. Esto no solo es normal, sino deseable. Puede ser que su actividad ya no sea para él un reto suficiente o que aún no sepa qué actividad le proporcionaría el estímulo que ansía. Sea cual sea el origen de su malestar o frustración, es importante que aprenda a gestionarlo y superarlo. Si le solucionas las cosas sugiriéndole enseguida la siguiente actividad o entreteniéndolo, le estás impidiendo aprender a elegir por sí mismo.

Los momentos de aburrimiento no son tiempo desperdiciado. Son momentos fugaces entre actividades significativas. La introspección ayuda a tu hijo a encontrar la siguiente ocupación que encaje con su estado de ánimo, sus impulsos y su nivel de energía. Cuanto más practique, más afinará su proceso de selección. Necesita sentir el aburrimiento, es el impulso que le empuja a encontrar su siguiente acción. Así es como desarrolla su autodominio emocional y sigue sus impulsos evolutivos. La actitud de «entretenerlo» se interpone en el camino de la autoconciencia emocional y de aprender a calmarse a sí mismo y encontrar maneras de sentirse mejor. Tu trabajo no consiste en animar ni en entretener. Simplemente escucha con empatía su incomodidad y confía en que encontrará la siguiente ocupación. No suele ser necesario intervenir, a menos que el aburrimiento derive en un comportamiento indeseado porque la sensación es demasiado fuerte. Por supuesto, en casos extremos de frustración es útil que le orientes un poco.

Intenta

✓ **Intenta validar la sensación de aburrimiento.** Normaliza la experiencia del aburrimiento y ayúdale a seguir adelante. Confía en que encontrará algo interesante que hacer o pensar. Cuando no se sienta suficientemente estimulado, valida sus sentimientos. Esto puede ser suficiente para que encuentre qué hacer a continuación.

➔ Puedes decir: «Sí, ahora mismo estás aburrido, pero sé que puedes encontrar algo interesante que hacer».

✓ **Intenta permitir que desarrolle la habilidad de enfrentarse al aburrimiento.** Es posible que necesite un poco de orientación cuando se encuentre en espacios públicos que no están preparados para él. Ayúdale a participar en algo que respete a las personas que le rodean y a convertir el aburrimiento pasajero en una actividad útil.

➔ Cuando estés en un restaurante o en la sala de espera del médico puede ser útil interactuar con tu hijo, jugar a juegos con los dedos, hacer garabatos en un papel, dar un pequeño paseo o enseñarle a doblar un papel en forma de barco.

Evita

✗ **Evita entretenerle a la menor señal de aburrimiento.** Aprenderá a depender de ti y se acostumbrará a ser pasivo. Necesita encontrar sus propias soluciones con pequeñas molestias a las que pueda hacer frente.

➔ Proponle el reto de pensar en nuevos usos para un objeto al que ya está acostumbrado, como un clip.

✗ **Evita ofrecerle un teléfono o una *tablet*.** Evita las soluciones fáciles, sobre todo con los aparatos electrónicos. Sé consciente y ayúdale a canalizar su aburrimiento para que elija su siguiente actividad. Muchas veces, si esperas un momento, encontrará lo siguiente.

➔ Deja de lado las pantallas y el entretenimiento pasivo. Interactúa con tu hijo si necesita atención o guíale para que descubra algo interesante que hacer.

EN RESUMEN

Respeta sus momentos de aburrimiento. No hace falta que los arregles, son preciados. Tu hijo es la persona más capacitada para encontrar actividades que le distraigan y le llenen. Si le sobreestimulas o le encuentras siempre la siguiente actividad, estás ralentizando su proceso natural de aprender a pensar, de saber elegir lo que es bueno para él y de autorregular sus emociones y su comportamiento. Aunque sea momentáneamente doloroso, es útil para él pasar por el proceso de resolver su aburrimiento.

DÉJAME TOMAR DECISIONES

> La forma en que los niños aprenden a tomar buenas decisiones es tomando decisiones, no siguiendo instrucciones.
>
> **Alfie Kohn**
> (Kohn, 2010)

Tu hijo necesita que confíes en él para tomar decisiones dentro de unos límites saludables. Si su entorno está bien preparado, se fomenta su tendencia natural a elegir y actuar. Es a través de este proceso como mejor aprende. Con cada elección, ejerce su voluntad y se siente capacitado. También recoge información que le permite afinar sus elecciones la próxima vez. Al principio, selecciona impulsivamente o adivinando, hasta que sabe lo suficiente de qué se trata. Entonces, puede elegir con deliberación y sopesar las alternativas. Decidir es un proceso complejo; como un músculo, hay que ejercitarlo, y cuanto antes empiece más cómodo se sentirá tomando decisiones.

Es esencial que tenga suficiente libertad para seguir lo que su interior le dice. La mayoría de sus elecciones no son caprichosas, sino que tienen una razón de desarrollo. Esto significa que a veces dirá «no» a tus ofertas o decidirá no hacer algo. Esto le ayuda a perfeccionar el mecanismo para desarrollar el autocontrol. Al ejercer repetidamente sus opciones, su fuerza de voluntad va surgiendo poco a poco. Está aprendiendo cuándo hacer las cosas y cuándo no hacerlas.

Las áreas del cerebro de tu hijo relacionadas con la toma de decisiones maduran a lo largo de toda su infancia y adolescencia. De hecho, las redes cerebrales responsables de evaluar el riesgo y la toma de decisiones no se completan hasta los 24 o 25 años. Cuantas más opciones tenga, más se refuerza su comprensión de sí mismo y se vuelve más seguro de lo que es bueno para él.

Intenta

✓ **Intenta preparar un entorno con opciones interesantes, pero limitadas.** Las alternativas sencillas y limitadas ayudan a los niños a decidir al principio. Amplía las opciones disponibles a medida que aumenten la capacidad y los conocimientos de tu hijo. Limitar la cantidad de objetos disponibles en cada momento facilita el proceso de selección.

➔ Si hay demasiadas cosas a su alrededor o están todas mezcladas en una gran cesta, puede resultar agobiante. Proporciona a tu hijo algunos estantes con unos cuantos juguetes y libros ordenados que se correspondan con su etapa de desarrollo y sus intereses.

✓ **Intenta respetar sus decisiones, así como su «no».** Recuérdale suavemente los límites para que sepa lo que puede elegir y lo que no.

➔ Si quiere ponerse hoy una ropa determinada y no la que tú querías, no le presiones. Si le respetas cada día, entenderá que en ocasiones especiales, como para una boda, debe llevar ropa más elegante; entonces estará dispuesto a cooperar cuando no tenga otra opción.

EVITA

✗ **Evita dirigir cuando no sea necesario.** Si entrenas a tu hijo para que siga órdenes ciegas, deja de pensar y se vuelve vulnerable a dar más peso a las opiniones de los demás que a su propio sentido interno.

➔ Si le dices: «Hazlo porque lo digo yo», no entenderá la razón y no desarrollará el «músculo» que necesita para tomar decisiones acertadas por sí mismo.

✗ **Evita forzarle.** Tu hijo necesita desarrollar su propia fuerza de voluntad y por eso tiende a resistirse cuando siente que no tiene otra opción. En lugar de obligarle, busca creativamente opciones para que se sienta inclinado a colaborar. Crea un conjunto sencillo de opciones (dos o tres) adecuadas a la situación. Así será más probable que coopere.

➔ Cuando hace mucho frío fuera de casa y van a salir, en lugar de decir: «Ponte el abrigo», puedes decir: «¿Dónde quieres ponerte el abrigo, aquí o justo antes de abrir la puerta?» (es decir, la opción es dónde, y no si se pone el abrigo o no).

EN RESUMEN

Cuando respetas las decisiones de tu hijo, él siente que te comprometes a apoyar su creciente independencia. Se desarrolla una confianza mutua. Si no se le permite esta libertad de elección, no se puede esperar que se convierta en un adolescente o un adulto responsable. Las personas que toman decisiones con integridad y asumen las consecuencias probablemente fueron niños que tuvieron la oportunidad de elegir.

DÉJAME COMETER «ERRORES»

> Los niños se arriesgan. No les asusta equivocarse. Lo que sí sabemos es que, si no estás preparado para equivocarte, nunca se te ocurrirá nada original.
>
> **Ken Robinson**
>
> (Robinson, 2013)

La forma natural de aprender de tu hijo es por ensayo y error. Solo puede hacerlo experimentando sus errores. Cada intento fallido es una oportunidad de aprendizaje. Recibe información y la próxima vez ajustará sus acciones y pensamientos y hará las cosas de forma diferente para obtener un mejor resultado.

La psicóloga Carol Dweck (2019) ha acuñado el término «mentalidad de crecimiento» para describir el hecho de que los seres humanos no estamos predeterminados y siempre podemos cambiar y aprender. Tu hijo seguirá evolucionando mientras pueda seguir tomando decisiones y aprendiendo de sus errores.

Cuando estos se normalizan a una edad temprana, a tu hijo le resultará más fácil decir la verdad. A medida que crezca y sus decisiones le lleven a tomar otras con mayores consecuencias, la comunicación será más fácil entre ustedes. No le aterrorizará decírtelo y podrás ayudarle.

Intenta

- ✓ **Intenta mantener una actitud positiva ante los errores, tuyos y los de tu hijo.** Ayúdale a entender lo que ha pasado y cómo solucionarlo. Tu objetivo debe ser desarrollar una relación en la que se sienta libre para contarte cualquier cosa y no se sienta inclinado a mentir para evitar tu reacción negativa, tus críticas o tu castigo.
    - ➔ Aprenderá de ti si dices: "Uy, se me olvidó el cumpleaños de la abuela. Ahora mismo le llamo para disculparme. ¿Le hacemos un pastel?».
- ✓ **Intenta ser neutro y asume buenas intenciones.** Frena tu reacción instintiva a los errores y piensa lo que vas a decir o hacer. Tu hijo se altera con facilidad. Tus reacciones tienen un fuerte impacto en él, en cuánto confiará en ti y en cuánto confiará en sí mismo. Puede parecer travieso, pero solo quiere experimentar y aprender.
    - ➔ Es probable que cuando cortó la cortina estaba experimentando con el uso de las tijeras. Con delicadeza, ayúdale a entender lo que puede y no puede cortar. Puedes proporcionarle algunos pedazos de tela en una cesta para que practique cortar tela.

Evita

- **Evita la eliminación de retos.** Tu hijo necesita enfrentarse a situaciones problemáticas, siempre que no sean peligrosas o demasiado graves. Pasar por el proceso de experimentar dificultades y errores es un gran maestro.
    - ➔ Evita comprar vasos y platos de plástico. Manipular vidrio o porcelana ayuda a tu hijo a aprender que algunos materiales se pueden romper. Esto le incentiva a tener más cuidado y a controlarse.
- **Evita los castigos.** Estas correcciones no le enseñan nada sobre cómo solucionar el problema ni cómo afrontar las emociones que surgen al cometer errores.
    - ➔ Si tu hijo derrama la leche, le gritas y limpias por él, es probable que se sienta mal consigo mismo, esconda los errores en el futuro y no aprenda a resolver las cosas que le salen mal.
- **Evita encubrir tus propios errores.** Tu hijo puede ver a través de ti. Aprende más cuando eres honesto y ve que manejas las dificultades con integridad. Evita defender tu error o mostrarte orgulloso. Reconoce cuando te equivoques, sin miedo a quedar mal y muéstrale cómo asumes tu responsabilidad.
    - ➔ Si se te cae el bote de mermelada en el supermercado es importante para el aprendizaje de tu hijo que no ocultes el hecho. Ve a buscar a un empleado y ofrécele ayuda para limpiar y pagar lo que haga falta. El mensaje que aprende es que

debe asumir su responsabilidad y no huir ni culpar a los demás de sus errores.

EN RESUMEN

Los errores son una fuente de aprendizaje natural y muy valiosa. Tu hijo necesita poder cometerlos y no sentir miedo o vergüenza de contártelo. De este modo, ganará seguridad y confianza en sí mismo y en ti.

DÉJAME EXPERIMENTAR CONSECUENCIAS NATURALES

> Si [los niños] no tienen la oportunidad de afrontar pequeños riesgos y lidiar con las consecuencias de esas elecciones, no estarán bien preparados para tomar decisiones de mayor envergadura y con muchas más consecuencias. Debemos permitir que los niños prueben y fallen. Y cuando tomen las decisiones estúpidas y cortas de miras que se derivan de la inexperiencia, tenemos que dejar que sufran los resultados.
>
> **Bruce Perry**
> (Perry & Szalavitz, 2007, pp. 268–269)

Al principio, tu hijo elegirá de acuerdo con lo que le gusta o no, o simplemente adivinando. A medida que adquiera experiencia y comprenda las consecuencias de sus elecciones, podrá basarse en sus conocimientos previos y desarrollar la habilidad de elegir de forma más intencionada e inteligente. Con el tiempo, podrá responsabilizarse más de sus actos. Solo podrá hacerlo si experimenta las consecuencias naturales de sus decisiones.

La forma instintiva de aprender de los niños es por ensayo y error. Deja que cometan esos errores para que aprendan de ellos. Si no dejas de arreglarles las cosas, no pueden sentir las consecuencias e interfieres en su descubrimiento de la causa y el efecto. Aunque te resulte difícil recuerda que no intervenir, cuando no es necesario, beneficia a tu hijo.

Intenta

- ✓ **Intenta dejar que vea lo que ocurre cuando toma una decisión.** Trata a toda costa de que tu hijo elija y experimente las consecuencias naturales, a menos que sea peligroso o muy importante hacer lo contrario.

    - ➔ Si tu hijo no quiere llevar chaqueta para ir al parque, y tú se lo permites (porque es seguro hacerlo), pasará frío, y la próxima vez se acordará y optará por llevarla. Evitarás así una constante lucha.

- ✓ **Intenta contener tu impulso de arreglarlo todo.** Puede que tengas la tentación de arreglar las cosas por tu hijo para que no sienta malestar; sin embargo, debes entender que es un acto de cariño mayor dejar que tu hijo experimente las consecuencias que arreglarlo todo.

    - ➔ Si tu hijo olvida el almuerzo escolar, ahórrate ir a llevárselo y confía en que sobrevivirá. Es una oportunidad para que aprenda a pedir a un amigo que comparta con él y se acuerde de llevarlo al día siguiente. No es el fin del mundo y será una valiosa experiencia de aprendizaje.

Evita

- ✘ **Evita interferir en su actividad.** Deja que siga intentando, a menos que sea peligroso o se sienta muy frustrado.

  ➔ A tu hijo le llevará un sinfín de intentos ver qué pieza encaja en el rompecabezas y por qué lado encaja. Para ti es fácil, pero tu hijo necesita ver qué ocurre cada vez que lo intenta. Está descubriendo relaciones matemáticas.

- ✘ **Evita decirle: «Te lo dije».** Cuando tu hijo comete un error, en la mayoría de los casos se dará cuenta por sí mismo. Decirle: «Te lo dije», solo le empequeñece y no le ayuda a aprender ni a mejorar.

  ➔ Si tu hijo se sube a un árbol nuevo y se cae, comprueba que no se lastimó. No necesita la advertencia ni la reprimenda. La caída es su maestro y le moverá a hacerlo mejor la próxima vez. Tu papel es asegurarte de que trepa por lugares seguros para su capacidad y tranquilizarle cuando sienta dolor.

EN RESUMEN

Poco a poco, a medida que tu hijo experimenta las consecuencias de sus actos, aprende a refinar sus elecciones. A medida que crezca y se enfrente a tentaciones y peligros cada vez mayores, tendrá una base sólida para elegir con sensatez y responsabilidad porque podrá prever más claramente las consecuencias.

NUNCA TERMINA, SOLO CONTINÚA

La calidad de nuestra sociedad depende de la acumulación de infancias sanas.

Nati Beltrán y Pilar Enrich

Durante milenios, las experiencias de los niños durante la infancia han estado a merced de las tradiciones, la fortuna y la buena voluntad de quienes les rodeaban. No es de extrañar que la sociedad esté sumida en el caos en que se encuentra, ya que no ha sabido cuidar de ellos, su bien más vulnerable y preciado. Sorprendentemente, hasta 1989 la mayoría de los países no reconocieron los derechos del niño como jurídicamente exigibles. Los derechos del niño ya no son una opinión discutible, están regulados por el derecho internacional (Association Montessori Internationale, 2022).

Durante los primeros años de vida de tu hijo no podrá hablar, protegerse o valerse por sí mismo. Piensa en él como una persona completa, merecedora del respeto y la dignidad con que tratamos a los adultos. No te dejes engañar por su edad, su tamaño o su intelecto y capacidad limitados. Es igualmente digno de protección frente al daño, libre de expresarse y opinar, y de que sus opiniones se tengan en cuenta en las decisiones que le afectan.

Las pequeñas agresiones importan. Cada agresión deja una marca, estas se acumulan y hacen de tu hijo un adulto más problemático. Procura que su cuerpo y su mente estén seguros y sean respetados. No le pegues ni le grites, aunque sea habitual en tu cultura. No desestimes sus opiniones, ideas o sugerencias. Evita minimizar o burlarte de lo que dice. Escúchale e incorpórale a la conversación. Cada vez que hagas algo que respete a tu hijo como persona en su totalidad y ampare sus necesidades de desarrollo estarás garantizando sus derechos y siendo un modelo para los que te rodean. Ahí radica tu poder para cambiar la sociedad.

AYUDA A CONSTRUIR UN CEREBRO SANO

Cuando sigues un enfoque basado en las necesidades, como el de Montessori, estás educando para un desarrollo cerebral óptimo. Podrás confiar en haber sentado las bases de un ser humano que ha tenido la oportunidad de desarrollar su fuerza de voluntad, autocontrol, madurez emocional y un intelecto flexible y agudo, lo que los científicos llaman ahora «inteligencia fluida» (Diamond & Ling, 2016). Todo esto no son ideales difíciles de alcanzar, sino que surgen de forma natural de un enfoque que apoya las potencialidades del niño pequeño: elecciones espontáneas, libertad para comunicarse y relacionarse, y concentración profunda. Si fomentas la independencia de tu hijo en todas las áreas, al tiempo que te mantienes conectado a él, estarás favoreciendo el desarrollo de sus funciones ejecutivas y sus habilidades socioemocionales.

EL IMPACTO DE LA EDUCACIÓN TEMPRANA EN LA ECONOMÍA Y LA PAZ

Cuando se sabe actuar atendiendo a las necesidades de los niños y se aprende a preparar su entorno, los resultados son palpables no solo durante la infancia, sino en el calibre del ser humano que surge. Cómo educamos tiene ramificaciones económicas, sostiene el Premio Nobel de Economía, Dr. James Heckman, quien descubrió que invertir en una educación infantil temprana de calidad, especialmente en niños desfavorecidos, «genera mejores resultados educativos, sanitarios, sociales y económicos que aumentan los ingresos y reducen la necesidad de un costoso gasto social» (Heckman, 2012).

Por otro lado, se ha descubierto que una crianza respetuosa aumenta los niveles de paz en los países. En concreto, las investigaciones demuestran que el abandono y el maltrato infantil en todas sus formas parecen estar directamente correlacionados con los niveles de violencia y delincuencia de una sociedad. Afortunadamente, también se ha constatado que la tendencia a la violencia se invierte en el plazo de una generación después de que las prácticas de crianza y educación se modifican para ser más humanas. Tienes un papel muy importante que desempeñar en la paz mundial y en la formación de una sociedad sana y próspera.

HACE FALTA TODO UN PUEBLO

La sociedad ha infravalorado enormemente la energía y el sacrificio que requiere criar a cada niño y cuánto apoyo necesitan los padres para que el proceso se desarrolle de forma óptima (Grille, 2013). Muchos padres modernos sufren mucho estrés debido a la desintegración de las comunidades, que han sido sustituidas por sociedades individualistas. Al priorizar los padres sus energías para sobrevivir una vida agitada y dura, los niños corren el riesgo de recibir menos experiencias socioemocionales positivas de sus padres de las que necesitan para un crecimiento sano. Tenemos que tender la mano a nuestra comunidad si queremos criar niños sanos. No es ideal intentar hacerlo todo uno mismo, el componente comunitario es esencial no solo para ti, sino también para el crecimiento de tu hijo.

EN CASO DE DUDA, AMA

Tendrás muchos momentos de confusión. En caso de duda, elige la conexión y la compasión. Ser padre puede ser muy estresante. No tienes por qué ser perfecto. Simplemente, intenta seguir aprendiendo. Si cometes algún error, como lo hacemos todos los padres, repara las rupturas y vuelve al respeto y al amor.

El amor engendra amor y la violencia engendra violencia. Cada niño criado con empatía y cariño crece y se convierte en un ciudadano más sano y responsable, lo cual construye una mejor sociedad. Si no se educa a la próxima generación para que se preocupe por los demás y por el planeta, la humanidad estará en peligro. El amor empieza en casa con la unidad familiar, pero se traslada a la sociedad en general y a la forma en que tratamos a la naturaleza. Según el psicólogo Jordan Peterson: «Al fin y al cabo, el destino del mundo descansa en cada nuevo bebé, diminuto y frágil» (Peterson, 2019, p. 360).

FUENTES CONSULTADAS

Asmussen, K. (2018, 21 August). *Language as a child wellbeing indicator. Early Intervention Foundation*. https://www.eif.org.uk/report/language-as-a-child-wellbeing-indicator

Association Montessori Internationale. (2020). *The forgotten citizen*. Montessori 150. https://montessori150.org/maria-montessori/forgotten-citizen

Association Montessori Internationale. (2022). *Convention on the Rights of the Child. Educateurs Sans Frontières*. https://esf-forchildrensrights.com

Camacho, M. C., Quiñones-Camacho, L. E. & Perlman, S. B. (2020). Does the child brain rest?: An examination and interpretation of resting cognition in developmental cognitive neuroscience. *NeuroImage*, 212(116688).

Center for Nonviolent Communication. (2023). CNVC. www.cnvc.org

Csikszentmihalyi, M. (2008). *Flow*. Harper Perennial.

Davies, S. (2019). *The Montessori Toddler*. Workman Publishing Company.

Diamond, A. (2013). Executive Functions. *Annual Review of Psychology*, 64, 135-168.

Diamond, A. (2020). Executive Functions. In *Handbook of Clinical Neurology* (Vol. 173, pp. 225-240). Elsevier.

Diamond, A. & Ling, D. S. (2016). Conclusions about interventions, programs, and approaches for improving executive functions that appear justified and those that, despite much hype, do not. *Developmental Cognitive Neuroscience*, 18, 34–48.

Dweck, C. (2019). *Mindset - updated edition.* Little, Brown Book Group.

Farlex. (s. f.). Tendency. En *Free Dictionary.* Recuperado el 1 febrero de 2024 de https://www.thefreedictionary.com/tendency

Flink, C., Boggiano, A. K. & Barrett, M. (1990). Controlling teaching strategies: Undermining children's self-determination and performance. *Journal of Personality and Social Psychology*, 59(5), 916-924. https://psycnet.apa.org/doiLanding?doi=10.1037%2F0022-3514.59.5.916

Graf, G. H. J., Biroli, P. & Belsky, D. W. (2021). Critical periods in child development and the transition to adulthood. *JAMA Network Open*, 4(1), e2033359.

Greenfield, S. (n. d.). *Let Your Body Do the Thinking.* Department for Education. South Australia. https://www.education.sa.gov.au/docs/curriculum/tfel/let_your_body_do_the_thinking.pdf

Grille, R. (2013). *Parenting for a peaceful world*, 2nd ed. (2nd ed.). Robin Grille Press.

Harvard University. (2011). *Building the Brain's Air Traffic Control System: How Early Experiences Shape the Development of Executive Function. Working paper no. 11.* Harvard Center on the Developing Child. https://harvardcenter.wpenginepowered.com/wp-content/uploads/2011/05/How-Early-Experiences-Shape-the-Development-of-Executive-Function.pdf

Heckman, J. (2012). *Invest in early childhood development: Reduce deficits, strengthen the economy. Heckman Equation.* https://heckmanequation.org/wp-content/uploads/2013/07/F_HeckmanDeficitPieceCUSTOM-Generic_052714-3-1.pdf

Jiang, N., Xu, J., Li, X., Wang, Y., Zhuang, L. & Qin, S. (2021).

Negative Parenting Affects Adolescent Internalizing Symptoms Through Alterations in Amygdala-Prefrontal Circuitry: A Longitudinal Twin Study. *Biological Psychiatry*, 89(6), 560–569.

Kishimi, I., Koga, F. (2018). *Atrévete a no gustar. Libérate de tus miedos y alcanza la verdadera felicidad* (primera edición). Ciudad de México: Ediciones Culturales Paidós: Zenith.

Kohn, A. (2010). *How to Create Non-Readers.* Alfie Kohn. https://www.alfiekohn.org/article/create-nonreaders

Kohn, A. (2018). *Punished by Rewards.* Alfie Kohn. https://www.alfiekohn.org/punished-rewards

Kuhl, P. K. (2011). *Social mechanisms in early language acquisition: Understanding integrated brain systems supporting language.* Oxford University Press.

Lakoff, G. (2016). *Moral Politics: How Liberals and Conservatives Think*, Third Edition. University of Chicago Press.

Leffel, K. & Suskind, D. (2019). *Parent-directed approaches to enrich the early language environments of children living in poverty.* Thieme.

Lillard, A. S. (2016). Montessori: *The science behind the genius.* Oxford University Press.

Lillard, P. P. & Jessen, L. L. (2003). *Montessori from the start.* Schocken Books.

Lynch, M. A. & Roberts, J. (1982). *The consequences of child abuse.* Academic Press.

Maté, G. & Maté, D. (2022). *The myth of normal.* Vermilion.

McCormick R. (2017). Does Access to Green Space Impact the Mental Well-being of Children: A Systematic Review. *Journal of pediatric nursing*, *37*, 3–7. https://doi.org/10.1016/j.pedn.2017.08.027

Montessori, M. (1978). Montessori Talks to Parents: The Home Environment. *North Ametican Montessori Teachers Association*, 1(1), 4.

Montessori, M. (1989). *The Child in the Family.* ABC-CLIO.

Montessori, M. (1996). *Secret of Childhood* (M. J. Costelloe, Trans.). Random House.

Montessori, M. (2007). *What You Should Know About Your Child.* Montessori-Pierson Publishing Company.

Montessori, M. (2007a). *Absorbent Mind.* Montessori-Pierson Publishing Company.

Montessori, M. (2007b). *The Discovery of the Child.* Montessori-Pierson Publishing Company.

Montessori, M. (2007c). *The Montessori Method.* www.bnpublishing.com

Montessori, M. (2007d). *Education and Peace. The Montessori Series.* Montessori-Pierson Publishing Company.

Montessori, M. (2007e). *Education for a New World. The Montessori Series.* Montessori-Pierson Publishing Company.

Montessori, M. (2012). *The 1946 London Lectures.* Montessori-Pierson Publishing Company.

Montessori, M. (2017). *María Montessori Speaks to Parents: A Selection of Articles.* Montessori-Pierson Publishing Company.

Montessori, M. (2019). *Citizen of the World: Key Montessori Readings.* Montessori-Pierson Publishing Company.

Oxford English Dictionary (OED). (2023). Awe. In *Oxford English Dictionary.* Recuperado el 1 febrero 2024 de https://www.oed.com/search/dictionary/?scope=Entries&q=awe

Pang, A. S. K. (2018). *Rest.* Penguin Life.

Payne, K. J. (2020). *Simplicity Parenting.* Hawthorn Press.

Perry, B. & Szalavitz, M. (2007). *The Boy Who Was Raised as a Dog: And Other Stories from a Child Psychiatrist's Notebook--What Traumatized Children Can Teach Us About.* Hachette UK.

Perry, P. (2019). *The book you wish your parents had read (and your children will be glad that you did).* Penguin Life.

Peterson, J. B. (2019). *12 rules for life*. Penguin Books.

Pinker, S. (2003). *The blank slate*. Penguin Books.

Pinker, S. (2015). *The language instinct*. Penguin Books.

Rizzolatti, G., Fabbri-Destro, M. & Gerbella, M. (2019). The Mirror Neuron Mechanism. In *Reference Module in Neuroscience and Biobehavioral Psychology*. Elsevier. https://www.sciencedirect.com/science/article/abs/pii/B9780128093245235712?via%3Dihub

Robinson, K. (2013). *Finding Your Element: How to Discover Your Talents and Passions and Transform Your Life*. New York: Viking.

Rosenberg, M. B. (2003). *Nonviolent Communication: A language of life* (2nd ed.). Puddle Dancer Press.

Siegel, D. J. (2018). *The yes brain child*. Simon & Schuster.

Siegel, D. J. & Hartzell, M. (2005). *Parenting from the inside out*. Jeremy P Tarcher.

Simms/Mann Institute. (2016, 17 November). *Adele Diamond: Executive Functions and the Whole Child* [Archivo de video]. YouTube. https://www.youtube.com/watch?v=bKTzoD8cDd4

Standing, E. M. (1998). *María Montessori*. Penguin Putnam.

Torre, J. B. & Lieberman, M. D. (2018). Putting Feelings Into Words: Affect Labeling as Implicit Emotion Regulation. *Emotion Review: Journal of the International Society for Research on Emotion*, 10(2), 116–124.

Whittle, S., Simmons, J. G., Dennison, M., Vijayakumar, N., Schwartz, O., Yap, M. B. H., Sheeber, L. & Allen, N. B. (2014). Positive parenting predicts the development of adolescent brain structure: a longitudinal study. *Developmental Cognitive Neuroscience*, 8, 7–17.

Zelazo, P. D., Blair, C. B. & Willoughby, M. T. (2016).

Executive Function: Implications for Education (NCER 2017–2000). Washington, DC: National Center for Education Research, Institute of Education Sciences, U. S. Department of Education. https://files.eric.ed.gov/fulltext/ED570880.pdf

PARA SABER MÁS

PÁGINAS WEB

www.micerebrosoloseconstruyeunavez.com
www.mindedu.com (tema evidencia basada en Montessori)
www.montessori-ami.org
www.natibeltran.com (tema de la Comunicación Noviolenta)

LIBROS

Association Montessori Internationale. www.montessori-ami.org

Lawrence, L. (2014). *Ayude a sus hijos a leer y escribir con el método Montessori*. Ediciones Paidós.

Montessori, M. (2021). *Educación y paz. Serie Montessori (Vol. 10)*. Montessori-Pierson Publishing Company.

Montessori, M. (2021). *El niño en familia. Serie Montessori (Vol. 8)*. Montessori-Pierson Publishing Company.

Montessori, M. (2021). *Lo que deberías saber acerca de tu hijo. Serie Montessori (Vol.14)*. Montessori-Pierson Publishing Company.

Montessori, M. (2021). *María Montessori habla a los padres. Serie Montessori (Vol. 15)*. Montessori-Pierson Publishing Company.

Seldin, T. (2016). *Cómo educar niños maravillosos con el método Montessori* (2a. Edición). Gaia Ediciones.

List of Contributors

Inayatollah **Baloch** is Senior Research Fellow at the Department of History, South Asia Institute, University of Heidelberg.

Joachim K. **Bautze** is Associate Professor of South Asian Art History at the South Asia Institute, University of Heidelberg.

Georg **Berkemer** is Senior Research Fellow at the Dept. of History, Kiel University.

Ranabir **Chakravarti** is Head of the Department of Ancient Indian History and Culture, Calcutta University.

Dieter **Conrad** was Associate Professor of International Law at the South Asia Institute, University of Heidelberg and is now retired.

Bernhard **Dahm** is Emeritus Professor at the Institute of Southeast Asian Studies, University of Passau.

Harald **Fischer-Tiné** is Assistant Professor at the Department of History, South Asia Institute, University of Heidelberg.

Tilman **Frasch** is Assistant Professor at the Department of History, South Asia Institute, University of Heidelberg.

Margret **Frenz** is Research Fellow at the Department of History, South Asia Institute, University of Heidelberg.

Robert Eric **Frykenberg** is Emeritus Professor of History and South Asian Studies at the University of Wisconsin–Madison.

Ashin Das **Gupta** (†) has been Director of the National Library at Calcutta.

Partha S. **Ghosh** is Director of the Indian Council of Social Science Research, New Delhi.

Dagmar **Hellmann-Rajanayagam** is Professor at the Unit for Strategic and Security Studies, UKM Bangi, Selangor, Malaysia

Monika **Horstmann** (Monika Boehm-Tettelbach) is Professor of Modern Indian Languages at the South Asia Institute, University of Heidelberg.

Mohammad Mufakharul **Islam** is Professor of History at the University of Dhaka.

Ananta Ramachandra **Kulkarni** is Professor and Head of the Department of History, University of Pune.

Hermann **Kulke** is Professor of Asian History at the Dept. of History, University of Kiel.

Jürgen **Lütt** is Professor of Modern South Asian History at Humboldt University Berlin.

Jamal **Malik** is Professor of Religious Studies at Erfurt University.

Michael **Mann** is Assistant Professor at the Dept. of History at the FernUniversität Hagen.

Kenneth **McPherson** is Director of the Indian Ocean Centre at Perth, Australia.

Subrata Kumar **Mitra** is Professor of Political Science at the South Asia Institute, University of Heidelberg.

C. S. **Mohanavelu** is Lecturer in History at the Presidency College, Madras.

Om Prakash is Professor of Economic History at the Delhi School of Economics. He is also member of the Academic Council of the South Asia Institute, University of Heidelberg

Roderich **Ptak** is Professor of Chinese Studies at the University of Munich.

Michael **Roberts** is Professor of Anthropology at the University of Adelaide.

Adapa **Satyanarayana** is Professor of History at Osmaniya University, Hyderabad.

Johannes H. **Voigt** is Emeritus Professor of History at Stuttgart University.